왜 유독
그 가게만 잘될까

왜 유독
그 가게만 잘될까

현성운 지음

줄 서는 가게에
숨겨진

서비스와
공간의 비밀

2000개의 매장에서 찾아낸 성공하는 가게의 절대 노하우

고작 27퍼센트. 우리나라에서 음식점을 창업한 후 5년까지의 생존율을 나타내는 수치입니다. 사실 5년까지 버티기라도 하면 다행입니다. 거의 대다수의 사장님들이 3년을 못 채우고 가게 문을 닫고 맙니다. 대체 왜 이렇게 살아남기가 어려운 걸까요?

사실 이러한 실패는 예견되어 있던 일인지도 모르겠습니다. 우리나라의 평균 창업 준비 기간은 6개월이고, 창업 전 관련 교육을 받는 경험은 17퍼센트에 불과합니다. 게다가 아이템 선정과 아이디어의 원천이 사장님 자신의 머릿속에서 탄생했다는 비율이 84퍼센트라니, 어쩌면 73퍼센트의 실패는 당연한 결과라고 볼 수 있습니다.

저는 전문화된 교육 체계와 시스템을 통해 외식업의 지속 가능한 생태계를 구축하는 사람입니다. 작은 가게일지라도 자신들만의 시스템을 갖춰 효과적이고 효율적으로 운영하게 하고, 외식업에 종사하시는 사장님들의 실패를 줄이는 것을 사명으로 삼아 일하고 있습니다.

제 별명은 '현 검사'입니다. 이 별명은 제가 TGI FRIDAYS에서 직원으로 근무하던 시절에 붙여졌습니다. 당시에는 SL(Shift Leader의 약자, 그날의 정해진 리더)이 마감 청소를 검사했는데, 제가 검사에 매우 엄격하고 작은 것 하나라도 귀신같이 잡아낸다고 하여 그런 별명이 생겼습니다. 그때부터 저는 '답은 현장에 있다'는 말을 지론으로 삼아 일을 해왔습니다. 이후 프랜차이즈 기업에서 매뉴얼을 개발할 때면 오퍼레이션 파악을 위해 현장에서 발로 뛰었고, 일을 가장 잘하는 직원들을 골라 그들의 행동 패턴을 끊임없이 관찰했습니다. 그러한 방법들을 표준화시켜 매뉴얼로 만든 후 가맹점들을 찾아다니며 현장에 적용시켰습니다. 만약 매뉴얼이 지켜지지 않는다면 세부 내용을 바꾸거나 직원들을 재교육하기도 했습니다. 그게 바로 외식업 사장님들을 지키는 길이었습니다.

그렇게 십여 년간 '본죽' '죠스떡볶이' '바르다 김선생' 등의 외식 기업에 몸담으며 시스템을 구축하고 교육하다 보니, 제게 특별한 능력이 하나 생겼습니다. 2000여 개의 매장을 수없이 관찰하고 연구한 덕에 보이지 않는 것을 볼 수 있게 된 것입니다. 시간이 지날수록 잘되는 가게와 망하는 가게의 공통점들이 보이기 시작했습니다. '아, 저 가게는 저래서 잘되는구나!' '저렇게 하면 몇 개월도 못 가 문을 닫겠구나'

라는, 일종의 성공과 실패 공식을 익힌 셈입니다. 그래서 시작한 것이 전국에 있는 장사 천재들을 찾아다니는 일이었습니다. 내가 가장 잘할 수 있는 일이 '사람들이 필요로 하는 것을 찾아 표준화시키는 것'이었기에, 이런 분들을 찾아서 성공 노하우를 발견한다면 외식업에 처음 발을 들인 분들이나 장사가 안 되어 매너리즘에 빠진 사장님들에게 도움을 드릴 수 있겠다고 생각했습니다.

이 책은 작은 가게를 운영하는 사장이라도 대기업 프랜차이즈의 체계적인 시스템을 자신의 매장에 즉시 적용할 수 있도록 구성되어 있습니다. 책에 담긴 노하우는 엄청나게 많은 돈이 들거나 큰 수고가 필요한 것이 아닙니다. 오히려 비용을 줄이고 매출을 높일 수 있는 팁들도 많습니다. 이 책에 담긴 몇 가지 노하우만 응용해 적용하더라도 자신의 매장에서 골치 아팠던 문제들을 해결하는 데에 큰 도움이 될 것입니다. 또 우리 가게만의 맞춤 매뉴얼을 만들어 직원들과 공유할 수도 있습니다.

1장 '가게의 제1고객은 직원이다'에서는 우리 가게를 찾아오는 손님들에게 최대의 만족을 드리기 위해 사장이 발휘해야 할 리더십을 소개합니다. 2000여 개의 가게를 돌며 제가 발견해낸 공식 하나는 '직원의 성장에 아낌없이 투자하는 가게가 오래 살아남는다'라는 것입니다. 어떻게 해야 직원들이 알아서 일을 찾아 하고, 오래 함께하며 가게의 성장을 도울 수 있는지 그 방법을 알게 될 것입니다. 2장 '장사의 성패는 재방문율에 달렸다'에서는 다시 찾고 싶은 가게를 만드는 서비스 디자인 법칙을 소개합니다. 실제로 신규 손님을 창출하는 일에는 기존 손님을 유지하는 것보다 다섯 배 이상의 비용이 더 소요됩니다. 그래서 내가 사장이라면 손님 수가 줄었다며 전단지를 돌리기에 앞서, 손님의 입장에서 다시 한 번 생각해봐야 합니다. '과연 한 번 온 손님이 우리 가게에 또 오고 싶을까?'를 말입니다. 그게 아니라면 전단지를 아무리 돌려도 소용이 없습니다. 오히려 부정적인 입소문이 퍼져 고정 손님마저 줄어들고 말 것입니다. 2장에서는 이런 상황에서 어떻게 대처해야 하는지 검증된 해법을 제시합니다. 3장 '맛은 기본! 시스템으로 승부하라'에서는 매출을 높이고 신뢰를 구축하는 장사 매뉴얼을 소개합니다. 사장도 만족하고 손님도 만족하는 메뉴 구성법 등을 활용하면, 우리 가게의 불필요한 비용과 인력 낭비를 줄일 수 있습니다. 4장 '장사는 좌석을 파는 사업이다'에서는 편안함을 느끼는 공간의 마법을, 5장 '한국의 숨은 장사 천재들'에서는 제가 지금껏 만나고 인터뷰한 분들 중 일곱 명의 대박집 사장님을 소개합니다. 그들의 입에서 흘러나온 생생한 성공 전략을 우리 가게에도 꼭 적용해보시기 바랍니다.

　사람은 평생 먹지 않고는 살아갈 수 없는 존재이기에 외식 산업은 앞으로도 더욱 발전할 것이라 전망됩니다. 하지만 갈수록 경쟁은 치열해지고 있습니다. 그래서 음식점을 준비 중인 분들이라면 끊임없이 배

움의 자세를 갖춰야만 성공할 수 있습니다. 저는 스물일곱 살이라는 나이에 TGI FRIDAYS의 점장이 되었습니다. 손익분기점이 8000만 원에 달했던 매장인지라 어깨가 무거웠습니다. 고정 손님을 확보하고 자 고생했던 기억들, 자꾸만 그만두는 직원들 때문에 눈물짓던 기억들이 생생합니다. 그때만 해도 너무 어려서 경험이 부족했던지라 제대로 대처하지 못한 일도 많았습니다. 하지만 뒤늦게 공부를 하고 보니 '아, 내가 이런 걸 그때 알았더라면 하나하나 적용해보면서 성과를 낼 수 있었을 텐데!' 하는 아쉬움이 들었습니다.

이제 깊게 고민하지 않고는 외식업계에서 살아남기가 어렵습니다. 그래서 늘 배우고 실천해야 합니다. 더 좋은 콘셉트의 가게는 자꾸만 생겨나고, 손님들의 눈높이는 끝없이 높아지고 있기 때문입니다.

부디 이 책을 읽는 분들은 제가 겪었던 실패와 좌절을 겪지 않기 바랍니다. 그러기 위해 제가 십 수 년간 시스템을 만들고 현장을 발로 뛰며 찾아낸 검증된 노하우를 알려드리겠습니다. 지금부터 두 눈 크게 뜨고 집중해주세요. 그리고 '구슬이 서 말이라도 꿰어야 보배다'라는 말처럼 우리 가게에 즉시 적용해야만 매출로 연결된다는 사실을 명심해주세요. 그럼 시작하겠습니다.

2018년 7월
현성운

장사의 성패는 재방문율에 달렸다

다시 찾고 싶은 가게를 만드는 서비스 디자인 법칙

한국의 숨은 장사 천재들
대박집 사장이 직접 밝히는 작은 가게 성공 전략

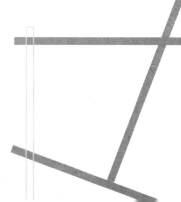

가게의
제1고객은
직원이다

/

직원과 손님
모두 행복해지는
사장의 리더십

장사의
최고 자산이자
최대 이윤은
사람이다 /

미국의 정치가이자 사상가인 벤자민 프랭클린Benjamin Franklin은 이런 말을 남겼다.

"인간은 누군가의 경험을 사거나 빌릴 수 있다.
경험을 살 경우 시간과 돈, 노력으로 그 대가를 치른다.
하지만 경험을 빌린다면 다른 사람의 노력과 희생을
영리하게 이용할 수 있다.
그런데 안타깝게도 대부분의 사람들은
대가를 완전히 치르는 방법을 선택하고 만다."

장사에 있어서도 마찬가지다. 처음부터 무턱대고 부딪치며 대가를 치르기보다는, 잘되는 가게들의 성공 경험을 빌려 적절히 이용한다면 적은 비용으로도 비슷한 성공을 만들어낼 수 있는 법이다.

'잘되는 가게, 소위 말하는 대박집들의 성공 요인은 무엇일까?'

나는 16년 동안 외식업 전문가로 활동하면서 전국 각지에 있는 2000여 개의 가게들을 낱낱이 관찰하고 분석해왔다. 그리고 잘되는 가게들이 가진 숨겨진 성공 요인을 체계화된 매뉴얼로 정리했다. 특별한 메뉴를 파는 것도 아닌데, 목 좋은 자리에 있는 것도 아닌데 유독 그 가게만 장사가 잘되는 이유는 무엇일까? 나뿐만 아니라 자신의 가게를 살리고 싶은 사장님들이라면 이 질문에 대한 답을 반드시 찾아야 할 것이다. 그리고 이 책에서 내가 찾은 '잘되는 가게들의 비밀'을 하나씩 소개하고자 한다.

서비스업의 기본은 '사람에 대한 투자'다 /

실제로 잘되는 가게의 사장들을 만나보면 놀라운 공통점을 발견할 수 있는데, 그 중심에는 어김없이 '사람'이 있었다. 그리고 이러한 마인드의 시작은 외식업이 철저하게 '서비스업'이라는 인식에서 비롯되었다.

서비스업이란 무엇일까? 서비스업이란 본질적으로 상대방을 기쁘게 해서 돈을 버는 일이다. 그렇다면 식당을 운영하는 사장이 기쁘게 만들어야 할 대상은 누구일까? 크게 두 부류로 나누어 외부고객인 '손님'과 내부고객인 '직원'을 들 수 있다. 손님, 즉 외부고객을 만족시키면 점차 가게를 찾는 사람의 수가 늘어나고 이는 곧 가게의 이익으로 연결된다. 그리고 이러한 외부고객을 만족시키고 다시 찾게 만드는 사람이 내부고객, 즉 직원인 셈이다.

앞서 말한 외부고객과 내부고객 간의 관계 구조를 이해했다면, 왜 사장이 내부고객을 우선적으로 만족시켜야 하는지 그 이유를 깨달을 수 있을 것이다. 내부고객인 직원을 먼저 배려해야 가게를 찾은 손님들이 서비스에 만족하고, 손님이 만족감을 느껴야 비로소 이익이 창출되기 때문이다.

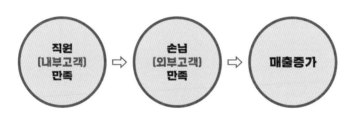

다시 말해 이익을 창출하기 위하여 사장이 제일 먼저 해야 할 일은 직원들이 손님에게 좋은 품질의 서비스를 제공할 수 있도록 적극적으로 돕고 지원하는 것이다. 이것이 바로 잘되는 가게의 수많은 사장들이 가게 운영의 제1원칙으로 '사람에 대한 투자'를 꼽은 진짜 이유이기도 하다.

직원들의 마음을 모으는
아침 조회의 힘 ✦

　　　　　　　고양시 화정동에는 지역 내에서 꽤나 잘 알려진 '민쿡다시마'와 '민쿡의 화덕쭈꾸미'라는 식당이 있다. 두 매장 모두 민강현 대표가 운영하는 곳으로, 그는 남다른 경영철학을 바탕으로 가게를 운영하고 있다.

> '우리는 손님에게 맛있는 요리와 서비스로 즐거움을 제공한다.
>
> 손님이 지불한 가격 이상의 가치를 제공하고자,
>
> 재료와 타협하지 않고 정직하게 장사한다.
>
> 손님에게 받은 사랑을 나눔으로써 보답한다.'

　그는 이러한 자신의 신념을 함께 일하는 직원 모두에게 공유했다. 각자의 개성이 다른 사람들이 모여 한마음으로 공동의 목표를 추구하려면, 이처럼 사장 자신의 꿈을 직원들에게 적극적이고 반복적으로 들려주는 것이 중요하다.

　그는 가게를 운영하며 '서비스도 하나의 상품이고, 음식의 맛만큼이나 집중해야 하는 영역'이라는 사실을 늘 유념한다고 말한다. 작은 가게가 대형 프랜차이즈 매장의 체계적인 시스템을 당해내기 위해서는 비용을 투자해서라도 받아들일 부분을 적극적으로 반영하여 비슷한 수준의 서비스를 제공해야 한다는 뜻이다.

사실 그 역시도 과거에는 '서비스=무료 음료 제공'이라고 막연히 생각했던 시절이 있었다. 하지만 점차 서비스에 대해 공부하면 공부할수록 진정한 서비스란 함께 근무하는 매장 직원들의 만족으로부터 이루어지며, 그들이 제공하는 서비스와 음식이 손님에게 더 큰 만족으로 이어진다는 점을 깨달았다고 한다. 이러한 사실을 알고난 뒤 그의 매장들은 점차 달라지기 시작했다.

그는 서비스 품질을 향상시키고 직원의 만족도를 높이기 위해 우선적으로 직원의 복지 수준부터 향상시켰다. 손님과의 접점에서 일하는 직원이야말로 사장인 자신이 우선적으로 챙겨야 할 대상임을 알았기 때문이다. 이에 맞게 매출의 일정 부분을 직원들에게 돌려주는 '인센티브 제도'를 도입했고, 가게가 바빠 힘들었던 날에는 매장의 포인트로 직원들이 식사를 할 수 있도록 '무료식사권'을 지급했다. 그 결과 직원들의 표정이 밝아졌고, 누가 시키지 않아도 알아서 매출을 만들기 위해 노력하는 모습이 눈에 띄기 시작했다고 한다.

두 번째로 직원들에게 자율권을 부여했다. 일례로 메인 서버에게는 서비스에 대한 자율권을 준다. 그래서 메인 서버는 단골손님이나 특별한 손님에게 알아서 서비스를 제공한 후, 이러이러한 서비스를 제공했다고 보고만 하면 된다. 보고 후에는 제공한 서비스에 대해 서로 의견을 주고받으며 매장 상황에 맞는 서비스의 영역을 좁혀가고 있다.

'민쿡다시마'의 아침 조회 모습

진정한 서비스란
함께 근무하는 매장 직원들의
만족으로부터 이루어지며,
그들이 제공하는 서비스와 음식이
손님에게 더 큰 만족으로 이어진다는 사실

마지막으로 그가 운영하는 모든 매장에서는 직원들을 대상으로 주 3회씩 아침 조회를 실시하고 있다. 영업을 시작하기 전에 대표 또는 책임자가 약 20분 동안 조회를 진행하는데, 이때는 경영철학 외에도 그날의 매출 목표나 프로모션 진행 상황 등을 공유한다. 생일과 같은 기념일도 챙기고, 직원들과 가벼운 일상 이야기를 나누는 등 편하게 대화하는 시간이기도 하다.

얼마 전 그의 매장에서는 앞치마를 요구한 손님이 앞치마가 낡았다는 이유로 착용을 거부한 사건이 있었다. 조회 시간에 이 사실을 알게 된 민 대표는 직원들과 상의해 즉각 일회용 앞치마를 구입했다. 손님이 느끼는 세세한 불편 사항들을 대표가 나서서 챙긴 일은 아침 조회가 매장을 발전시키는 데에 얼마나 중요한지를 보여주는 단적인 사례가 아닐까 한다.

"아침 조회를 실시하면 직원들은 자신이 오늘 무엇을 어떻게 해야 하는지 알 수 있습니다. 또한 자신의 의견이 가게 운영에 즉각적으로 반영된다는 점에서 성취감을 느끼게 됩니다."

이외에도 그는 월 1회씩 가게 영업을 잠시 중단하고 전문 강사를 초빙해 서비스 교육을 실시하고 있다. 또 특별히 마련한 직원 개인별 통장에 인센티브를 지급하여, 이 돈을 차곡차곡 모아 자신만의 가게를 열고 그들도 사장의 꿈을 이룰 수 있도록 돕고 있다.

사장과 직원이 함께
꿈을 키우는 가게 /

천안에서 '홍굴이해물짬뽕'을 운영하는 서용원 대표는 현장에서 자신이 직접 모범을 보이며 서비스 교육을 하는 사장으로 정평이 나 있다. 그는 가게에서 일을 할 때 직원들과 똑같은 유니폼을 착용하고, 스마일 배지를 가슴에 단다. 허드렛일에 있어서도 사장이라고 예외가 없다. 손님들이 식사를 다 마치고 빈자리가 나면 가장 먼저 달려가 자리를 치우고, 직원들이 편하게 일할 수 있도록 뒤에서 지원하는 역할을 자처한다.

"직원을 채용하면 가장 먼저 가게에서 식사를 대접합니다. 직원이 직접 손님이 되어보는 것이지요. 본인이 손을 들어서 직원을 부르는데 아무도 쳐다보지 않고 대답도 없다면 기분이 어떨지, 이런 상황이 반복된다면 매장에 어떤 일이 발생할지를 몸소 느껴보게 합니다. 직원들에게 항상 역지사지를 강조한 덕분에 저희 직원들은 손님을 최우선으로 여깁니다. 손님이 부르시면 언제나 한목소리로 '네'라고 대답합니다."

그런데 어느 순간 서 대표는 자신이 아무리 서비스 교육을 철저히 한다고 해도 직원들의 출퇴근이 힘들거나 컨디션이 좋지 않으면 손님에게 좋은 서비스를 제공하기 어렵다는 사실을 깨달았다고 한다. 그래서 직원들이 업무에만 집중할 수 있도록 통근 차량을 마련했고, 휴식 시간도 꼼꼼히 챙긴다. 월급이 늦어지거나 누락되지 않도록 급여일을 확실히 챙기는 것도 서 대표의 경영 원칙 중 하나다.

무엇보다도 이 가게의 독특한 점은 '소사장 제도'를 도입해, 직원이 자신을 믿고 함께 성장한다면 언젠가는 반드시 사장이 될 수 있다는 비전을 제시한다는 것이다. 게다가 당일의 매출 목표를 달성하면 인센티브를 제공하는 방침도 철저히 지키고 있다.

직원들의 성장을 돕고 미래를 지원하는 서 대표의 경영철학 덕분에 이곳에서 일하는 직원들의 표정은 다른 곳에서는 쉽게 찾아볼 수 없는 만족과 행복이 느껴진다.

사람이 가진 능력과 잠재력을 최대한 이끌어내려면 먼저 그 사람의 마음을 얻어야 한다. 그렇다면 사장이 함께 일하는 직원들의 마음을 얻기 위해서는 어떻게 해야 할까? 사장은 자신의 꿈을 직원들에게 백 번이고 천 번이고 들려주고, 직원들도 함께 그 꿈을 꾸게 만들어야 한다. 사장의 철학으로, 사장의 꿈으로 직원들의 마음을 사야만 한다.

또 꿈을 함께 이루고자 노력하는 과정이 사장에게만 도움이 되는 게 아니라, 직원들 각자에게도 도움이 되는 것임을 구체적인 비전으로써 제시해야 한다. 공동의 목표를 위해 함께 달릴 때 사장과 직원 모두가 성장할 수 있음을 공유하는 것이 중요하다. 그래야만 손님들에게도 더 좋은 품질의 제품과 서비스를 제공할 수 있다.

사장이 마음 놓고
자리를 비울 수 있다면
그 가게는
반드시 성공한다 /

"제가 있을 땐 전혀 문제가 없는데, 꼭 자리를 비우면 일이 터지더라고요. 대체 문제가 뭘까요?"

내가 본아이에프의 교육 팀장으로 근무하며 고객 클레임 발생 지점을 대상으로 교육을 실시하면, 점주들은 언제나 이런 내용의 고충을 토로하곤 했다. 사장이 있을 때는 손발이 척척 맞다가도 사장만 자리를 비우면 엉망진창이 되는 이상한 가게들, 의외로 이런 가게가 정말로 많다. 대체 이유가 뭘까?

나는 문제가 발생한 지점들을 돌아보며 사장과 직원들을 대상으로 몇 가지 테스트를 진행하고 관찰해보았다. 그리고 그들이 무의식적으로 행하지만 눈에는 보이지 않는 결정적 문제점들을 발견해냈다.

먼저 문제가 있는 가게의 직원들은 업무를 진행하고 처리할 때 우선순위를 알지 못했다. 제대로 갖춰진 그 가게만의 서비스 매뉴얼이 없다 보니, 지시를 내리는 사장이 자리를 비우면 우왕좌왕하기 바빴다. 그다음으로는 직원들이 문제 상황에 맞닥뜨렸을 때 어떻게 대처해야 하는지를 몰랐다. 음식이 쏟아졌을 때, 주문이 엉켰을 때, 손님들이 갑자기 몰려 밖에서 대기할 때 직원들은 발만 동동 구르거나 적극적으로 나서서 해결하려들지 않았다.

그렇다면 사장이 있든지 없든지 언제나 매장이 원활하게 돌아가고, 손님들에게 늘 동일한 수준의 서비스를 제공하려면 어떻게 해야 할까? 먼저 직원들이 어떠한 상황에서도 흔들림 없이 빠르고 정확하게 대처하려면 앞서 말한 사장의 경영철학을 모두에게 공유해야 한다. 우리 가게가 지향하는 가치를 알고 일하는 직원과 그렇지 않은 직원의 업무 수준은 하늘과 땅 차이만큼 크다. 사실 직원들의 행동에 가장 큰 영향을 미치는 사람은 가게의 주인, 즉 사장이다. 부모가 아이의 거울이듯 사장은 직원들의 거울이나 마찬가지다. 사장의 올바른 서비스 마인드와 태도를 기꺼이 따르는 것, 바로 이것이 먹는장사의 성패를 좌우하는 결정적 열쇠다.

그리고 정형화된 서비스 매뉴얼이 갖춰져 있어야 한다. 이제는 단순한 친절만으로는 절대로 손님을 만족시킬 수 없다. 손님이 가게에 입점한 순간부터 나가기까지 누가 봐도 곧바로 실행이 가능한 단계별 매뉴얼이 꼭 필요하다.

책임자가
목숨 걸고 지켜야 할
세 가지 원칙 /

언젠가 전국 여러 지점 중에서 최우수 지점으로 선정된 곳들을 인터뷰할 기회가 있었다. 그중 한 매장을 찾았고, 점주 대신 매니저를 만나 이야기를 나눠보았다. 가게의 사장은 그 매장뿐만 아니라 프랜차이즈 음식점을 세 곳이나 더 운영하고 있었다.

네 군데의 가게를 돌아다니며 관리하려면 품이 많이 들고 힘들 텐데, 어떻게 치열한 경쟁을 뚫고 최우수 지점으로 선정될 수 있었을까? 그 노하우가 궁금해 이것저것 캐묻기 시작했다.

가게의 매니저는 나의 질문에 부지런히 답을 하다가, 마지막에 이런 이야기를 들려주었다.

"사장님은 저를 채용하실 때 이런 말씀을 하셨습니다. '제가 음식점을 네 곳이나 운영하고 있어서 이곳에 온전히 신경 쓰지 못합니다. 그래서 당신을 매장 책임자로 세운 거고요. 자신이 사장이라는 마음으로 책임감 있게 일해주셨으면 합니다. 딱 세 가지만 당부드릴 테니 그것만큼은 꼭 지켜주세요. 첫째, 음식점에서 가장 중요한 것은 맛입니다. 우리 가게에 오시는 손님들이 한결같은 맛을 느낄 수 있도록 조리법을 철저히 따라주세요. 둘째로 서비스의 기본은 인사입니다. 손님이 가게에 들어오고 나갈 때, 홀과 주방 직원 모두가 큰소리로 손님들께 인사해주세요. 마지막으로 제게는 손님들만큼이나 직원 여러분도 무척 소중합니다. 홀이나 주방 바닥에 물기가 남아 있으면 서빙을 하나가 여러분이 다칠 수도 있으니 항상 바닥에 물기가 없도록 잘 관리해주세요'라고요. 사장님께서 저를 믿고 제게 이곳을 완전히 맡겨주셨기 때문에 저는 무슨 일이 있어도 이 세 가지 당부만큼은 꼭 지키려고 노력했습니다."

가게의 사장은 매니저에게 딱 세 가지를 부탁했다고 하지만, 사실 여기에는 음식점 성공의 핵심 요소인 '맛' '서비스' '위생'이 모두 담겨 있다. 그는 직원을 채용하고 손발을 맞춰나가기도 전에 자신의 경영철학을 간단명료하게 정리해 직원들과 공유했다. 매니저의 이야기를 다 듣고 나니, 왜 이 가게가 최우수 지점으로 선정되었는지 이해가 되어 저절로 고개가 끄덕여졌다.

직원들이 자기가 하는 일의 의미가 무엇인지, 그것이 왜 중요한지를 명확하게 인식하면 사장이 시키지 않아도 자발적으로 움직인다. 일을 함에 있어 'How'보다 'Why'가 선행되어야 한다는 뜻이다. 이것이 사장이 자리를 비워도 문제가 생기지 않는 가게, 언제든 마음 놓고 자리를 비울 수 있는 가게를 만드는 첫걸음이다.

"첫째, 음식점에서 가장 중요한 것은 맛입니다.
둘째, 서비스의 기본은 인사입니다.
셋째, 그 무엇보다도 직원의 안전이 우선입니다.

이 세 가지만 반드시 지켜주시기 바랍니다."

우리 가게만의
특별한 서비스 매뉴얼 /

사장이 직원 모두에게 경영철학을 공유했다면, 그다음으로 필요한 것이 우리 가게만의 특별한 서비스 매뉴얼이다. 가게를 운영하는 사장들은 서비스 매뉴얼을 만들 때 내용이 자세하고 많으면 좋다고 여기는데, 사실 양이 많다고 무조건 좋은 게 아니라 이를 구축하는 과정이 더욱 중요하다. 직원 모두가 참여해 머리를 맞대고 우리 가게의 특성에 맞게 꼭 필요한 내용만 간추려 정리한 뒤, 그 내용을 완전히 숙지하여 실행하는 것이 중요하다는 뜻이다.

몇 년 전, 한 음식점의 요청으로 서비스 교육을 실시했을 때의 일이었다. 규모는 작지만 사장의 마인드나 실행력을 보고 '이곳은 분명 몇 년 안에 이 지역에서 소문난 가게로 자리 잡겠구나'라고 생각했다. 다만 조금 아쉬운 점이 있었는데, 바로 체계적으로 정리된 매장 운영 매뉴얼이 없다는 것이었다.

물론 내가 교육을 맡기 전에도 이곳 나름의 서비스 원칙은 있었다. 하지만 제대로 시행되지 않았고 이 가게만의 특화된 방식도 아니었기에 사장과 직원, 그리고 내가 함께 이곳만의 서비스 기준을 만들어보자고 제안했다. 다행히도 모두가 흔쾌히 따라주었다. 나는 제로에서부터 하나씩 차근차근 쌓아올린다는 생각으로 일하는 방식부터 만들어가며 서비스 매뉴얼 구축에 힘을 쏟았다.

매뉴얼 제작에 앞서 우선적으로 해야 하는 것은 매장 환경에 맞는 '서비스 수준'을 결정하는 일이다. 개인화된 서비스(손님의 취향에 맞게 차별화된 서비스를 제공하는 것)를 할 것인지 표준화된 서비스(모든 손님에게 동일한 서비스를 제공하는 것)를 할 것인지 결정한 뒤, 꼭 필요한 내용을 선별해 기준으로 삼아야 한다.

예를 들어 손님이 입점하면 '어서 오십시오'라고 인사할지 '어서 오세요'라고 인사할지조차 논의를 통해 정해야 하는데, 이왕이면 직원들이 자연스럽게 실행할 수 있는 인사말로 결정하는 게 좋다. 또 업종에 따라서 일식집의 경우는 일본 특유의 분위기를 느낄 수 있도록 홀과 주방 직원들이 한목소리로 '이랏샤이마세いらっしゃいませ(어서 오십시오)'를 외치기도 한다. 여기서 반드시 유념해야 할 점은 서비스 매뉴얼의 기준이 어디까지나 손님이 불편함을 느끼지 않는 선에서 결정해야 한다는 것과, 직원들이 실행하기 어려울 만큼 지나치게 높은 수준의 서비스를 기대해서는 안 된다는 것이다. 이렇게 모두가 합의한 서비스 매뉴얼은 직원, 그리고 사장까지도 반드시 준수해야 한다. 매뉴얼을 구축할 때 직원들이 참여해 동의를 구하고 결정했다면, 이후 실행까지도 순탄하게 이루어질 수 있다.

또한 열 명 이상의 직원을 둔 가게의 사장이라면, 직원들이 스스로 서비스를 주도할 수 있도록 책임과 권한을 부여하는 편이 좋다. 주인

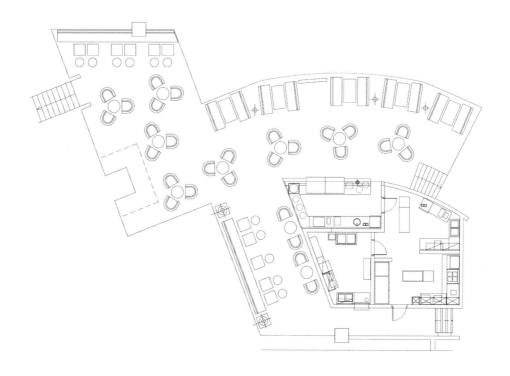

'플로어 플랜'이란
매장 내 테이블이 한눈에 보이는 평면도를 뜻한다.
이를 매장 운영에 활용하면
효율적이고 탄력적으로 인력을 배치할 수 있다.

이 없어도 표가 나지 않는 가게들의 특징은 '주인의식'을 갖고 일하는 직원이 있다는 것이다.

　그렇다면 어떻게 해야 직원들에게 주인의식을 심어줄 수 있을까? 내가 추천하는 방법은 매일매일 '그날의 리더'를 세우는 것이다. 자리가 사람을 만든다는 말도 있지 않은가? 한 사람을 그날의 리더로 세우면 자연스럽게 매장 운영 전반에 관심을 갖게 되고, 책임의식이 생겨 매출 향상에도 도움이 된다. 이는 내가 패밀리 레스토랑에서 근무했던 당시에 활용했던 방법으로, 직급에 상관없이 일정 기간 근무한 직원이라면 누구나 리더가 될 수 있는 시스템이다.

　그날의 리더에게는 특별한 역할이 주어진다. 먼저 리더는 근무자별로 담당 테이블을 배정한다. 각자에게 주어진 서비스 구역을 '스테이션Station'이라고 하는데, 홀 내부 동선을 고려해 구역을 나누고 이를 '플로어 플랜Floor plan'에 기록하는 것이다. 예를 들어 테이블 여덟 개(1, 2, 3, 11, 12, 13, 14, 15번 테이블)를 한 라인으로 묶어 담당자 한 명을 정하는 식이다. 그런 뒤 각 라인별로 직원의 이름이 적힌 자석 말판을 놓으면 된다. 업무 스킬이 뛰어난 직원이라면 테이블 회전이 빠른 라인을 배정하고, 경력이 짧거나 업무 스킬이 부족한 직원이라면 테이블 수가 적고 상대적으로 한가한 라인에 담당을 맡긴다. 그러고 난 뒤 손님을 항상 관찰하고, 우선순위에 맞게 주문을 처리하며, 일이 몰릴 경우 어떤 동료에게 도움을 요청하면 되는지까지 결정한다.

다음으로 리더는 영업을 시작하기 전에 직원 미팅을 주최한다. 미팅을 시작하기에 앞서 제일 처음 직원들의 유니폼을 점검하는 시간을 갖는다. 서비스의 기본이자 손님에 대한 바른 마음가짐은 복상에서부터 드러나는 법이다.

또 미팅에서는 그날의 매출 목표와 프로모션 진행 사항을 공유하고, 업무 시 준수 사항을 전달한다. 프로모션 메뉴 추천 방법에 대해 설명할 때는 '롤플레이'를 통해 시연해보며 실제 발생할 상황에 대비하면 교육 효과가 훨씬 높다. 이렇게 시뮬레이션을 통해 서비스 현장을 머릿속에 그려보고 연습해보면, 직원들은 자신이 무엇을, 어떻게 해야 하는지 구체적으로 인지하게 되고 실제 상황에서 즉각적으로 대응할 수 있다.

미팅 이후 영업이 시작되면 그날의 리더는 현장에서 직원들을 이끌며 도움이 필요한 시점에 투입되어 해결사 역할을 맡는다. 리더의 역할을 경험해본 직원과 그렇지 않은 직원은 일을 대하는 마인드가 다르다. 누구든 리더가 되어보면 일하는 공간과 가게를 방문한 손님, 그리고 함께 일하는 동료들을 대할 때의 마음가짐이 이전과는 확 달라진다. 훨씬 더 열정을 갖고 주도적으로 일에 임하게 될 것이다.

지금까지 소개한 방법을 모두 활용하면 좋겠지만, 현실적으로 매장의 규모나 환경에 따라 적용하는 데에 한계가 있을 것이다. 그럴 땐 함께 일하는 직원들이 사장의 철학과 사업 방향을 공유하고 있는지, 우리 가게만의 서비스 매뉴얼은 잘 정리되어 있는지, 사장의 빈자리를 대신할 숙련된 직원이 있는지부터 점검해보자. 그리고 변화와 개선이 필요한 영역을 파악하고, 우선순위를 정해 앞서 소개한 방법을 순차적으로 적용해보기 바란다.

사장이 뛰어야
직원이 걷는다 /

각종 배달 애플리케이션App의 등장으로 부쩍 음식을 집으로 배달시켜 먹는 사람들이 늘어났다. 나 역시도 배달 주문을 자주 이용하는 편이다. 그런데 종종 몸은 편한데 마음이 불편하다는 느낌을 받을 때가 있다. 불친절한 일부 배달 직원들 때문이다. 대체 친절한 배달 직원은 다 어디로 사라졌을까? 배달업에 종사하는 사장들도 이와 비슷한 고민을 털어놓는다.

"배달할 사람이 없어요. 아무리 가르쳐도 배달 직원들이 손님에게 불친절하게 대하는 바람에 자주 곤란한 일을 겪습니다. 게다가 툭하면 결근하는 탓에 가게를 운영하기가 여간 어려운 게 아니에요. 인성 좋고 빠릿빠릿한 친구들은 어디서 구해야 하나요?"

이렇게 많은 사장들이 직원 탓을 한다. 그런데 정말 문제의 원인이 직원에게만 있는 걸까? 그런 고민을 이어가던 어느 날, 갑자기 피자가 먹고 싶어 집 근처 피자 가게에 전화로 배달 주문을 했다.

직원: 감사합니다. 건강한 '피자알볼로'입니다.

고객: ○○피자, 라지 사이즈로 하나 주문할게요.

직원: 고객님, 지금 주문이 밀려서 50분 이상 걸리는데 괜찮으신가요?

고객: 네, 괜찮아요.

직원: ○○피자, 라지 사이즈 하나 주문하셨고요. 가격은 2만 5000원입니다. 결제는 어떻게 도와드릴까요?

고객: 현금으로 할게요.

직원: 현금 영수증은 필요하신가요?

(중략)

교과서에서나 볼 수 있는 전화 응대의 정석이었다. 특히 이 가게는 언제나 기분 좋은 목소리로 전화 주문을 받는다. 배달 시간이 지연될 때는 반드시 손님에게 사전 양해를 구한다. 음료 추천도 빼놓지 않고, 현금 결제 시 현금영수증 발급 여부도 꼼꼼히 물어본다. 여기서 끝이 아니다. 음식을 주문한 내가 도리어 감사할 정도로 배달 온 직원은 친절했고, 함께 보내온 영수증과 쿠폰에서도 정성이 느껴졌다. 음식은 말할 것도 없이 훌륭했다. 하나부터 열까지 서비스에서 정성이 가득 느껴졌다. 대체 이 가게를 운영하는 사장은 어떤 사람일까? 궁금한 마음에 직접 매장을 찾아가 인터뷰를 해보기로 했다.

"사장님이 하시는 대로
늘 따라 하고 있습니다." /

　　　　　　　　이 가게의 사장은 서른일곱 살 황용 대표다. 현재
그는 이 가게 외에도 또 다른 가게 한 곳을 운영하고 있는데, 대형 피
자 체인집에서 근무한 경험을 살려 약 5년 전에 피자알볼로 평택점을
개업했다. 평택점은 40제곱미터(약 12평) 규모의 작은 매장이지만, 매
출은 전국 15위 안에 들 만큼 알짜배기 가게다. 이전에 친구가 운영하
던 매장을 인수받았고, 그가 운영하면서 매출이 전보다 세 배 이상 올
랐다고 말했다. 그 비결을 물었더니, 배달 서비스의 핵심은 '스피드'임
을 깨닫고 배달 인원을 더 늘린 게 유효했다고 말했다.

　"저희 가게에는 정직원 세 명, 스태프 여섯 명이 있고 배달 직원으
로는 네 명을 두었습니다. 1인당 30만 원의 매출을 커버하는 기준으
로, 평일에는 대여섯 명, 주말에는 여덟 명의 직원이 근무합니다."

　가게에 사장이 없어도 직원들이 늘 한결같이 친절하게 응대하던데,
서비스 교육에 관한 특별한 비결이 있느냐는 나의 질문에 황 대표는
이렇게 대답했다.

　"제가 직원들에게 항상 강조하는 신념이 있습니다. '적어도 동네 구
멍가게처럼 보이지는 말자'는 것입니다. 복장을 제대로 갖추고 손님에
게 친절하게 응대하는 것이 얼마나 중요한지를 제가 몸소 보여줌으로
써 가르치고 있습니다."

그때 계산대에 부착된 문구가 보였다.

'통화는 반드시 친절하게.'

이외에도 주문 전화를 받을 때 손님에게 꼭 전해야 하는 인사말을 작성해 모니터 상단에 붙여두었다. 별도의 특별한 교육 없이도 실수를 예방하고 친절하게 응대할 수 있는, 이 가게만의 서비스 매뉴얼인 것이다. 이런 안정된 서비스 구조가 있다면, 일하는 사람이 바뀌어도 늘 똑같은 서비스 품질을 유지할 수 있다.

"혹시 배달을 갈 때 사장님이 특별히 강조하시는 사항이 있나요?"

황 대표가 잠시 자리를 비운 틈을 타 매장을 정리하고 있던 직원에게 슬쩍 물어보았다. 그러자 곧바로 이렇게 대답했다.

"사장님이 하시는 대로 늘 따라 하고 있습니다. 손님을 향해 환하게 웃고 친절하게 말하는 방법부터 사장님께 배웠어요. 배달을 가서는 맨 먼저 똑똑똑 문을 세 번 두드리고, 아무런 대답이 없으면 그때 벨을 누르라고 말씀하셨습니다. 아기가 자고 있으면 깰 수도 있으니까요. 손님이 문을 열고 나오시면 '안녕하세요, 피자알볼로입니다'라고 인사하며 음식은 두 손으로 전달해드립니다. 그리고 복장은 우리 가게를 이용해주시는 손님께 신뢰를 드리는 가장 기본적인 요소이기 때문에 반드시 유니폼을 착용하라고 강조하시고요."

직원은 필시 사장의 모습을 그대로 따라 하게 되어 있다. 또 모든 가

안정된 서비스 구조가 있다면,
직원이 바뀌어도
늘 똑같은 서비스 품질을 유지할 수 있다.

게는 사장과 그곳에서 일하는 직원을 닮기 마련이다. 이 지극히 당연한 사실을 사장들은 잊어버린다. 가장 좋은 서비스 교육은 수백 마디 말이 아닌, 하나의 행동으로 보여주는 것이다.

직원이
한시도 쉬지 않고
알아서 일을 찾는 가게 ╱

황 대표는 이 모든 게 다 직원들 덕분이라고 말하며 자신을 낮춘다. 20대 중반부터 30대 중반 사이의 젊은 친구들이 든든하게 가게를 받쳐주기 때문이라고 직원들에게 공을 돌리지만, 자세히 들여다보니 다른 가게와는 분명 다른 점이 있었다. 그는 직원들의 성장을 돕고 언젠가는 모두 사장이 될 수 있도록 구체적인 비전을 제시하며 직원들을 이끌고 있었다.

"제 목표는 1년에 하나씩 추가로 매장을 여는 것입니다. 이때 직원이 일정 금액을 함께 투자한 뒤 사장으로 근무하게 되는데, 급여는 급여대로 받고 영업이익은 일정 비율로 나누도록 비전을 설계했습니다. 직원들이 돈을 모아 결국에는 완전히 독립할 수 있도록 돕는 일이 제 역할인 것입니다. 그래서인지 직원 모두가 자신의 가게인 것처럼 열심히 일합니다. 주방 일을 하다가도 바쁘면 대신 배달을 가고 하는 식이지요. 다들 최선을 다해주어 전 그저 고마울 따름입니다.”

실제로 가게를 살펴보는 내내 배달 직원이 한시도 쉬지 않고 몸을 움직이는 모습이 인상적이었다. 신속하게 배달을 처리하는 것은 기본이고, 한가한 시간에도 헬멧을 벗지 않은 채 피자 박스를 접고 음료 냉장고를 채우는 등 ‘알아서 일을 찾아’ 했다. 이 가게는 옷이며 신발, 마스크까지 직원들의 방한 복장을 꼼꼼히 챙기고, 안전을 위해 보험도 필수로 가입했다. 무엇보다도 황 대표가 다른 사장들보다 더 신경 써서 챙기는 또 한 가지를 발견할 수 있었다. 바로 수고한 직원들을 ‘격려’하고 ‘칭찬’하는 일이었다.

“좌우 항상 살피고 조심히 운전해야 해.”
“눈도 많이 오는데 정말 고생 많았어.”

별것 아니지만 사실은 가장 중요한, 또 같이 일하다 보면 쉽게 놓치고 마는 부분들을 그는 살뜰히 챙긴다. 사장이 자신을 진심으로 아낀다는 사실을 이곳 직원들이 모를 리 없다. 바로 이러한 점이 이 가게의 직원들이 오랜 시간 마음을 다해 일하는 이유가 아닐까? 직원들이 서로가 서로를 존중하고 배려하는 관계 속에서, 자신의 일터를 아끼는 마음과 손님을 위하는 마음이 저절로 자라나기 때문이다.

직원 교육에도
손님을 향한
배려가 필요하다 /

몇 해 전, 고기를 굽기 전에 디지털 온도계를 이용해 불판의 온도를 측정한다는 고깃집이 있어 아는 지인을 모시고 찾아가보았다. 역시나 불판 위에 고기를 올리기 전 꼼꼼하게 온도를 체크하는 모습이 인상적이었다. 뒤이어 어느 정도 두께의 삼겹살이 가장 맛있는지 손님들에게 설명을 해주기도 했다. 뿐만 아니라 테이블 주변과 매장 벽면 곳곳에 메뉴보드와 포스터를 비치해 음식에 대한 정보를 상세히 전달하기도 했다.

바로 이러한 것들을 장사에서 '물리적 증거Physical evidence'라고 하는데, 제품이나 서비스가 전달되는 과정에서 손님과 가게의 상호작용이 이루어지는 유형적인 환경 요소를 의미한다. 예를 들어 이 가게의 경우는 디지털 온도계와 메뉴보드, 포스터가 물리적 증거에 해당한다. 이러한 물리적 증거들을 잘 활용하면 직원이 군이 말로 설명하지

물리적 증거를 잘 활용하면
직원이 굳이 말로 설명하지 않아도
손님이 음식과 메뉴에 대한 정보를
정확하게 인지할 수 있다.

않아도 손님이 음식과 메뉴에 대한 정보를 정확하게 인지하는 효과를 낼 수 있어 편리하다. 또 매장의 서비스 수준을 높이는 기능도 발휘될 수 있다.

음식이 나오고 흡족한 마음으로 고기가 익기를 기다리고 있는데, 얼마 후 가게 직원 두 명이 우리 자리로 다가왔다. 내가 앉아 있던 테이블을 담당하는 홀 직원이 다른 직원 한 명을 데리고 오더니 갑자기 무언가를 열심히 설명하기 시작했다.

"자, 봐봐. 우리 고기는 엄청 두꺼워서 오랫동안 익혀야 해. 시간이 조금 걸리니까 고기 올려놓고 잠깐 다른 테이블을 보고 오자."

그 순간 당황해서 어리둥절해하며 직원들의 모습을 지켜보다가, 마음을 가다듬고 속으로 이렇게 생각했다.

'선배가 신입 직원을 교육하는 중이군. 그냥 이해하고 넘어가자.'

그 후 몇 분이나 흘렀을까. 한창 이야기를 하고 있는데 아까 그 직원 두 명이 다시 우리 테이블로 돌아왔다.

"고기가 익었으면 네가 한번 가위로 잘라볼래?"

그 말이 끝나기가 무섭게 '제발 내 음식이 무사하기를'이라고 간절히 바랐다. 아니나 다를까, 신입 직원의 서툰 가위질 때문에 우리 불판의 고기는 너덜너덜해지고 말았다. 맛있는 고기를 먹고도 영 기분이 좋지 않았고, 다시는 그 가게에 지인을 데리고 가지 않겠다고 마음먹었다.

사소한 배려가
다시 가고 싶은 가게를 만든다 /

물론 신입 직원에 대한 실전 교육은 반드시 필요하다. 특히나 까다로운 기술을 요하는 서비스를 제공해야 하는 가게라면 더더욱 그렇다. 그럼 어떻게 해야 손님이 불편해하지 않으면서도 효과적으로 교육을 진행할 수 있을까? 이러한 고민에 빠져 있을 무렵, 비슷한 식당에서 그 해답을 찾을 수 있었다.

이곳은 홀 직원이 테이블에서 직접 음식을 만들어주는 과정이 있었는데, 서비스 교육을 위해 신입 직원과 함께 테이블을 찾은 선배 직원은 이전 가게와 달리 나에게 먼저 양해를 구했다.

"고객님, 저는 ○○의 직원 △△△입니다. 현재 신입 직원을 교육하고 있는데, 괜찮으시다면 제가 고객님께 서비스하는 모습을 직원이 지켜보게 해도 될까요?"

옆에 서 있던 직원은 '교육생'이라는 말이 쓰인 명찰을 달고 있었다. 매장에서 신입 직원을 교육할 때 명찰을 활용하면 손님이 즉시 알 수 있고, 혹여나 실수를 해도 대부분 너그럽게 받아주게 된다.

앞서 방문했던 가게와 달리 이곳은 식사 중인 손님 앞에서 직원들끼리 대화를 나누지 않는 것이 서비스 원칙으로 정해져 있는 듯했다. 또 어느 정도 숙련된 기술이 필요한 일은 교육을 담당하는 직원이 직접 서비스를 해서 손님들이 편안한 마음으로 식사를 즐기도록 했다.

두 번 세 번 다시 가고 싶은 가게는 어쩌면 이런 사소한 배려 하나하나에서 판가름 나는 게 아닐까? 손님을 향한 직원들의 배려에서 가게를 방문한 손님과 손님의 시간을 소중히 여기는 마음을 느낄 수 있는 곳이었다.

"

직원이 서빙을 하다
실수로 그릇을 깨뜨렸어요.

"

"쨍그랑!"

식당을 운영하다 보면 흔히 듣게 되는 소리입니다. 만약 직원이 실수를
해서 그릇을 깨뜨린 상황이 발생하면, 그 직원은 가장 먼저 빗자루를
가져와 유리 조각을 치우려고 할 것이고요. 손님의 안전이 가장 큰 이
유겠지만, 자신의 실수를 최대한 빨리 수습하고 만회하려는 마음도 클
것입니다.

그런데 오히려 이런 상황이 발생했을 땐 그릇을 깬 직원이 아닌, 다른
직원이 맡아 상황을 정리하는 편이 좋습니다. 실수한 직원은 심리적으

로 매우 당황하고 불안한 상태일 것입니다. 그런 마음으로 수습을 하다 보면 자신이 다치거나 손님이 피해를 입는 등 2차적인 사고로 연결되기 쉽습니다.

무언가를 깨트리거나 엎질러서 빠르게 정리해야 하는 상황이 발생하면, 아래와 같은 프로세스로 움직이는 것이 좋습니다. 직원들을 교육할 때 참고해보기 바랍니다.

1. 사방의 손님들을 향해 인사를 한다

실수를 한 당사자를 비롯한 직원 모두가 사방의 손님을 향해 "죄송합니다"라고 인사하며 편안하고 즐거운 식사를 방해한 것에 대해 진심으로 사과를 해야 합니다.

2. 주의 표시를 비치한다

그다음으로는 손님이 그곳을 지나다니다 물기에 미끄러지거나 유리에 발을 찔리는 등의 피해를 입을 수 있으므로 곧바로 주의를 알리는 안전 표시를 바닥에 세운 다음, 빗자루와 쓰레받기로 바닥을 치워야 합니다. 이때는 앞서 설명한 대로 실수를 한 당사자가 아닌 다른 직원이 수습하게 합니다.

3. 주변 손님들의 식사를 새로 준비한다

유리가 깨지면 그 파편이 위로는 1미터, 좌우로는 10미터가량 튀기 때문에 자칫하면 손님의 음식에 들어갈 수 있습니다. 또 다른 2차적인 문제가 발생할 수 있기 때문에, 손님에게 양해를 구하고 음식을 교체해드려야 합니다. 이는 주방 안에서 유리가 깨졌을 때에도 마찬가지입니다. 주방 안에 노출되어 있던 음식을 모두 폐기 처분해야 합니다.

2장.

장사의 성패는
재방문율에
달렸다

다시 찾고 싶은
가게를 만드는
서비스 디자인 법칙

맛은 30%,
나머지 70%가
가게의 운명을
결정한다 /

평일이고 주말이고 늘 손님이 줄을 서서 기다리는 이 식당에서는 피크 타임이 되면 복도에까지 테이블을 놓고 장사를 한다. 당연히 자리가 비좁고 불편할 터, 직원들은 손님이 앉자마자 가방을 놓고 편하게 메뉴를 보라며 빈 의자를 챙겨다준다. 메인 음식을 주문하고 식전 빵을 추가로 주문하니, 오늘 불편한 자리에서 식사를 하시는데 기꺼이 무료로 제공하겠다며 빵을 더 가져다준다. 메인 홀과 동떨어져 있는 자리라도 음료 잔이 비면 곧바로 다가와 리필 여부를 물어보며 서비스해준다. 식사가 끝나면 기다렸다는 듯이 계산서를 챙겨주고, 결제를 하고 나갈 때까지 음식이 입에 맞았는지를 묻고는 큰소리로 배웅 인사를 한다.

　몇 십 분씩 줄을 서서 먹을 만큼 굉장히 특별한 음식을 팔지도 않지만, 이곳에 왜 사람이 모이는지 이해하지 못하는 사람은 없을 것이다. 사람의 마음을 사로잡는 '정확하고 섬세한 맞춤형 서비스'로 손님들에게 기분 좋은 기억을 남기기 때문에 한 번 온 사람들은 몇 번이고 이 가게를 다시 찾는다. 매장에 활기가 넘치고 매출이 오르는 것은 당연지사다.

많은 음식점 사장들이 장사가 잘 안 풀릴 때면 '우리 가게 음식이 그렇게 맛이 없나?'라고만 고민을 한다. 물론 맛은 기본이다. 기본이 무너진 식당은 어떻게 해도 회생시키기가 어렵다. 하지만 맛 이외에도 절대 놓치지 말아야 할 부분이 있다. 바로 '체계적이고 진심이 가득한 서비스'이다. '맛은 30%, 나머지 70%가 장사의 성패를 좌우한다'라는 공식은 여기서 비롯된 말이다. 손님은 식당에 와서 음식의 맛만 느끼고 돌아가지 않는다. 매장의 분위기, 청결 상태, 직원의 서비스, 심지어는 매장에 흐르는 음악까지도 전부 기억에 담은 채 돌아간다. 손님이 오감으로 느끼는 경험을 만족시키지 못한다면, 먹는장사는 절대로 성공할 수 없다.

서비스업이란 고객을 대상으로 일방적인 희생을 치러야 하는 일이 아니다. 고객을 기쁘게 해서 선택을 받아야 하는 비즈니스다. 그리고 실제로 기업의 지속적인 성장과 경제력 향상 때문에 서비스의 중요성은 날로 더해지고 있다. 사회는 하루가 다르게 변모하고 있으며, 이에 따라 소비자의 라이프 스타일도 끊임없이 변하고 있다.
소비자의 욕구가 다양해짐에 따라 서비스도 훨씬 더 세분화 · 고급

화되고 있는 추세다. 고객의 관심이 제품을 넘어, 제품을 사용하는 '경험'으로 바뀜에 따라 '서비스 디자인'의 필요성이 부각되고 있다. 먹는 장사도 마찬가지다. 이제 더 이상 제품의 기술력이나 기능의 우수성만으로는 다른 가게들과 차별화하기 어려운 시대가 되었다.

서비스를
'디자인'한다는 것의
의미 /

'서비스 디자인'이란 경영학에서 서비스 공간을 의미하는 '서비스 스케이프Service scape'나 '물리적 증거'와 같은 의미로 지금껏 사용되고 있다. 이 개념은 서비스의 '무형성'을 극복하기 위해 생겨난 것으로, '고객의 관점에서 그들의 경험을 관찰하고 분석하여, 고객 만족을 위한 새로운 형태의 서비스를 개발하는 것'이라고 이해할 수 있다.

실제로 서비스는 '무형성'이라는 특징을 갖는다. 말 그대로 형태가 없다는 뜻이다. 보거나 만질 수 없어서 제공받기 이전에는 인식하기 어렵고, 그 가치 또한 온전히 드러내기가 쉽지 않다. 기업들은 바로 이 무형성을 극복하기 위해 많은 노력을 기울인다. 호텔 객실 내에 비치된 생수에 '무료입니다'라는 메시지를 적어둔 것도 무형성을 극복하기 위한 일련의 노력이라고 할 수 있다.

더불어 서비스는 '이질성'이라는 특징도 갖는다. 한번은 내가 매일 아침마다 들르는 카페에서 이런 일이 있었다. 그날따라 늘 주문을 받던 직원이 아닌 처음 보는 직원이 카운터에 서 있었다. 여느 때처럼 커피를 주문하고 카드로 결제하려는데, 그 직원이 무료 샷 혜택이 있다며 추가 여부를 물었다. 무료 혜택이라니 당연히 그렇게 하겠다고 했다. 또 그밖에 내가 가진 카드로 받을 수 있는 다양한 혜택에 대해 자세히 안내해주었다. 그런데 주문을 마치고 돌아서자 문득 이런 생각이 머릿속을 스쳤다.

'매일 똑같은 카드로 똑같은 커피를 시켰는데, 그러면 그동안은 모르고 지나쳤던 걸까?'

어쩐지 혜택을 받고도 손해를 본 느낌을 지울 수 없었다.

이처럼 동일한 가게에서 동일한 주문을 받더라도 서비스를 제공하는 사람에 따라 그 품질은 크게 달라질 수 있다. 바로 이러한 점이 서비스의 이질성이다.

서비스는 '비분리성'이라는 특징도 있는데, 이는 생산과 소비가 동시에 이루어지고 생산 과정에서 고객이 참여한다는 의미다. 그만큼 제공자 입장에서는 통제가 어렵기 때문에 고객과의 접점을 관리하는 일이 중요하다. 또 서비스는 '소멸성'이라는 특징도 있다. 지금 판매하지 않으면 사라져버린다는 것을 의미하는데, 그래서 수요와 공급을 일치

시키고 매장 내 비어 있는 좌석을 채워 아까운 기회를 흘려보내지 않도록 고민해야 한다. 이러한 서비스의 특징들을 알면 손님을 만족시키고 매출을 극대화하기 위한 전략 수립이 가능해진다.

서비스 디자인, 어떻게 할까? /

서비스의 각 특징을 고려해 차별화된 서비스를 제공하는 곳이 있다. 바로 제주도에 있는 신라호텔이다. 이곳은 침대 위에 한라봉 쿠키를 올려놓는 객실 서비스를 기본으로 제공한다. 호텔이 위치한 지리적·문화적 특성을 고려한 서비스로, 방문한 손님들에게 소소하지만 특별한 추억을 선물한다. 그런데 여기에는 비하인드 스토리가 있다.

처음 신라호텔은 객실 내 미니바에 한라봉 쿠키를 올려두었는데, 손님 대부분이 이를 유료라고 생각해 그대로 두었다고 한다. 어떻게 해야 무료로 제공하는 서비스임을 알게 할까 고민한 결과, 눈에서 가장 잘 보이는 침대 위에 쿠키를 올려놓게 되었고 그제야 손님들은 이를 무료 서비스로 인식하기 시작했다. 이후 시간이 흘러 이 서비스는 제주 신라호텔만의 시그니처 서비스로 자리 잡게 되었다. 이는 손님에게 제주의 맛과 향이라는 특별한 경험을 선사하기 위해 물리적 증거를 잘 활용한 서비스 디자인의 대표적 사례다.

대기업이나 프랜차이즈 매장이 아닌, 작은 가게에서 서비스 디자인을 보여주는 사례는 없을까? 서울 계동에 위치한 '2046 팬스테이크'라는 식당이 좋은 예 중 하나다. 이곳에서는 스테이크를 주문하면 뜨거운 주물 팬에 미디움레어 정도의 굽기로 담겨져 나온다. 음식이 나오면 직원들은 맛깔난 설명과 함께 테이블에서 채소를 직접 볶아주기도 한다.

소문난 맛집인 만큼 늘 손님이 북적거려 정신이 없는데도, 직원들은 손님 한 명 한 명을 세심히 살피며 친절하게 안내한다. 그리고 주문한 스테이크를 테이블에 올려놓을 때 이렇게 이야기한다.

"고객님, 옷이나 소지품에 기름이 튈 수 있으니 앞에 놓인 냅킨을 펼쳐서 가려주세요."

별것 아니지만 사람의 마음을 움직이고 감동을 선사하는 것은 따뜻한 말 한마디가 아닐까? 그리고 이러한 서비스 디자인은 손님의 입장을 먼저 배려하는 마음으로부터 우러나는 법이다.

이렇게 늘 한결같이 손님의 경험을 소중히 여겨주는 곳이라면 분명 이곳을 다녀간 사람들의 마음속에도 그 여운이 오래도록 깊이 남아 있을 것이다.

제주 신라호텔 객실 내부의 모습.
한라봉 쿠키가 놓여 있다.

고객의 관심이 제품을 넘어,
제품을 사용하는 '경험'으로 바뀜에 따라
'서비스 디자인'의 필요성이 부각되고 있다.

작은 가게만의
강력한 무기,
친밀함으로
승부하라 /

우리나라의 음식점은 인구 72명당 한 개꼴로, 말 그대로 포화 상태에 이르렀다. 인구가 고령화되는 속도에 비해 은퇴 시기가 빨라지고 청년층의 취업난이 극심해지면서 많은 사람이 자영업, 그중에서도 먹는장사에 뛰어들고 있다. 하지만 안타깝게도 대부분이 3년 안에 문을 닫을 정도로 성공하는 사례가 극히 드문 편이다.

상가정보연구소가 발표한 조사에 따르면, 2017년 음식 업종의 창업률은 2.8퍼센트, 폐업률은 3.1퍼센트로 폐업률이 창업률을 앞섰다. 전국 8대 업종의 폐업률 평균은 2.5퍼센트로, 음식점의 폐업률이 타 업종에 비해 더 높은 셈이다. 시장 경기가 어렵다 보니 소비 심리가 위축되고, 이는 다시 자영업자들의 경쟁을 심화시키는 요인으로 작용하여 한 집 건너 한 집 망하는, 그야말로 악순환이 이어지고 있다.

창업한 사람의 절반 이상이 3년도 채 버티지 못하고 문을 닫는 게 현실이다. 음식점 간의 경쟁은 더욱 치열해졌다. 그래서 많은 가게가 자신의 매장을 홍보하고 새로운 고객을 발굴하는 일에 온 힘을 쏟고 있다.

 이에 관한 한 연구 결과에 따르면, 가게를 운영할 때 기존 고객을 유지하는 것보다 신규 고객을 발굴하는 데에 다섯 배가 더 많은 비용이 든다고 한다. 다시 말해 한 번 방문한 손님을 또 오게 하는 고객 관리가 가게 운영과 매출 향상에 더 도움이 된다는 뜻이다. 가게의 규모에 관계없이 단골손님 관리가 매우 중요한 셈이다.
 이는 특히 작은 가게일수록 더더욱 그렇다. 인테리어나 설비, 홍보 및 마케팅 등에 집중적으로 자금을 투자하는 대형 프랜차이즈나 규모가 큰 가게와 대등하게 경쟁하려면, 차별화된 서비스로 손님을 끌어들이는 수밖에 없다. 자본을 많이 들이지 않고 사람의 마음을 얻으려면, 가게가 가진 고유한 매력을 잘 살려야 한다.
 가게의 매력은 사장의 마음에 뿌리를 내리고 자라 꽃피우는 법이다. 작은 가게들이 어떻게 손님들과 관계를 맺고 그 관계를 오래도록 유지하는지 몇 가지 사례를 통해 살펴보자.

손님의 취향과
기호를 기억해주는 가게 /

본죽 광주수완장덕점

광주 광산구에서 죽 프랜차이즈를 운영하는 양남
희 대표의 가게에는 유난히 단골손님이 많다. 손님 한 명 한 명을 일일
이 기억하고 마음을 내어주는 양 대표의 진심 덕분인지, 어른부터 아
이까지 남녀노소를 막론하고 이곳을 자주 찾는다.

그중 여덟 살 서안이는 주말마다 아빠 손을 잡고 식당에 오는 꼬마
손님이다. 양 대표는 평소에 서안이가 김치와 매실차를 좋아한다는 것
을 기억해뒀다가, 가게에 올 때면 반찬을 더 챙겨주는 등 세심하게 신
경을 쓰고 살폈다.

그러던 어느 날 좋아하던 매실차도 마시지 않고 토라져 있는 서안
이를 보고 그 이유를 물어보았다. 호박죽을 먹고 싶었는데 아빠가 묻
지도 않고 다른 죽을 시켜서 마음이 상했다는 것이었다. 서안이의 이
야기를 들은 양 대표는 마침 만들어두었던 호박 식혜를 떠올렸다고
한다. "서안이가 먹고 싶은 호박으로 만든 식혜란다"라고 말하며 건네
주고는 아이의 기분을 풀어주었다.

양 대표는 이후로도 종종 호박 식혜를 만드는 날이면 환하게 웃던
서안이의 모습이 생각나 따로 꼭 챙겨둔다고 했다. 서안이 아빠는 고

마워하며 여러 번 간식을 사다주셨고, 그렇게 서안이네는 이 가게의 단골손님이 되었다.

양 대표는 가게를 꾸려나가다 보면 힘들고 지칠 때가 있는데, 이렇게 마음을 나누는 단골손님이 하나둘 늘어나면 정말 큰 에너지를 받는다고 말했다.

친근함과
신뢰라는 무기 /

낭만포차히어로즈

천안 쌍용역 바로 앞에 위치한 낭만포차히어로즈는 33제곱미터(약 10평) 남짓한 작은 주점이다. 테이블 수도 서너 개밖에 안 되고, 옆에 앉은 손님들의 대화 소리가 다 들릴 정도로 아담한 곳이다. 이곳을 운영하는 오경수 대표는 자신의 가게를 찾는 손님이 누구이든지 동등하게 대접해야 한다는 생각으로 서비스를 한다. 지인이 가게에 찾아와 서비스 음식을 제공할 때도 자신만의 이러한 경영 원칙을 동일하게 적용한다.

"다른 손님들도 버젓이 계신데 제가 아는 사람이라고 그분들께만 서비스를 드릴 수는 없지요. 멀리서 우리 가게를 찾아와준 분도 계실 텐데, 이 작은 매장에서 어떻게 손님을 차별하겠습니까? 서비스 음식을 드릴 때도 넉넉하게 조리해서 모든 테이블에 똑같이 제공합니다."

프랜차이즈 가게에 비해 규모가 작은 가게들은 친근감을 무기로 손님들에게 더 가까이 다가가고, 정해진 틀에서 보다 자유롭게 운영할 수 있다는 장점이 있다.

번쩍이는 외관도, 철저한 시스템도 만들어낼 수 없는 것은 바로 사장과 손님이 소통하면서 교감하는 일, 그리고 서로를 발견해준 것에 대한 감사와 존중의 마음이다. 정성껏 준비한 음식을 나누고 고객에게 마음을 내어주며 쌓아올린 신뢰야말로 골목의 작은 가게들을 지탱하는 힘이 아닐까 한다.

번쩍이는 외관도,
철저한 시스템도 만들어낼 수 없는 것은
사장과 손님이 소통하면서 교감하는 일,

그리고 서로를 발견해준 것에 대한
감사와 존중의 마음

손님의 오감을
만족시키는
경험 서비스 디자인 /

매출에는 공식이 있다. 매출이란 '손님 수×객단가'로, 매출을 높이기 위해서는 손님 수를 늘리거나 객단가를 높여야 한다. 그리고 여기에 또 한 가지 방법이 더 있다. 바로 '손님의 방문 횟수'를 늘리는 것이다. 실제로 식당 장사에서는 한 번 온 손님이 또다시 방문하는 게 지속적으로 매출을 올리는 가장 효과적인 방법으로 손꼽히고 있다.

맨 처음 손님이 가게를 찾아오게 하는 일도, 한 번 방문한 손님이 다시 찾아오게 하는 일도 결국에는 모두 '서비스'에 달려 있다. 이때의 서비스란 단순한 친절이나 미소가 아니다. 직원들이 손님의 요구와 필요를 정확하게 파악하고, 그때그때 빠르게 문제를 해결해주는 일련의 과정들을 뜻한다.

그렇다면 서비스를 잘하기 위해서는 어떻게 해야 할까? 우선 손님의 마음을 이해하는 일에서부터 출발해야 한다. 이제는 전통적인 제조

업에서조차 소비자의 경험을 중시하는 서비스 영역으로 확대 및 편입되고 있는데, 손님에게 직접적인 서비스를 제공하는 식당 장사라면 더욱더 서비스에 만전을 기해야 한다. 그래야 전쟁 같은 외식업 경쟁에서 살아남을 수 있다.

환대Hospitality라는 단어의 어원은 '병원'을 뜻하는 'Hospital'에서 비롯되었다. 병원이 환자의 병을 치료하고 회복시키는 일을 목적으로 존재하는 곳이라면, 손님을 환대하는 서비스업은 '치유를 위한 배려'가 담긴 서비스를 제공하는 일이다. 그리고 식당은 손님들에게 그러한 기능을 해야 한다.

우리 가게를 찾은 손님은 가족과 함께 행복한 시간을 보내기 위해 온 것일 수도 있고, 몸과 마음의 허기를 달래거나 스트레스를 해소하기 위해 찾아온 것일 수도 있다. 손님을 향한 배려를 통해 그들이 머무는 동안 편안함을 느낀다면, 손님은 자연스럽게 또 오고 싶은 곳이라는 인상을 갖게 된다.

실제로 오래 머물고 싶은 가게, 다시 찾고 싶은 가게, 시간이 지나도 잊히지 않는 가게에는 그곳만의 특별한 서비스 디자인이 가미되어 있다. 전국적인 맛집으로 유명한 두 군데 가게의 사례를 통해 자세히 살펴보도록 하겠다.

마지막 한 점까지
따뜻하게 /

담양 승일식당

담양에 있는 승일식당은 담양의 명물인 떡갈비를 굽듯 돼지살비를 구워내는, 일명 '남양식 돼지갈비'를 파는 곳이다. 너도 나도 떡갈비 판매에만 집중할 때 승일식당은 차별화된 메뉴를 개발했고, 이 식당은 현재 연 매출이 25억 원을 훌쩍 뛰어넘는다.

이렇게 장사가 잘되는 데도 승일식당의 사장 김갑례 대표에게는 한 가지 고민이 있었다.

'어떻게 하면 손님이 마지막 한 점까지 따뜻하게 드실 수 있을까?'

돼지갈비를 아무리 잘 굽는다 한들 식어버리면 맛이 떨어지기 때문에 김 대표는 늘 이런 고민을 안고 살았다. 그러다가 불현듯 고민의 해결책을 발견해냈다.

승일식당에서는 손님이 돼지갈비 3인분을 주문하면 먼저 큰 접시에 2인분이 담겨져 테이블로 나간다. 그리고 손님이 2인분을 거의 다 먹어갈 때쯤 나머지 1인분을 가져다준다. 여담으로 승일식당의 돼지갈비 1인분은 다른 고깃집보다 훨씬 더 양이 많아서 3인분을 주문한 손님이 2인분을 먼저 받아도 알아차리지 못할 정도다.

이렇게 승일식당에서는 음식을 제공하는 시점을 달리 함으로써 손

사진 출처: 셔터스톡, 전주 꽃담집

시간이 지나도 잊히지 않는 가게에는
그곳만의 특별한 서비스 디자인이
가미되어 있다.

님들이 마지막 한 점까지 따뜻하게 먹을 수 있도록 배려했다. 게다가 손님은 1인분을 추가로 받으면서 마치 덤으로 서비스를 받는 느낌까지 얻어갈 수 있다.

그런데 여기서 한 가지 의문이 생긴다. 나머지 1인분을 올리는 타이밍은 어떻게 맞출까? 여기에도 승일식당만의 녹특한 노하우가 숨어 있다. 이 식당은 입구 계산대 앞에 CCTV가 세 대 놓여 있다. 물론 손님을 감시하려는 용도는 아니다. 이는 '서비스 사이언스Service science' 기법 중 하나로, 손님이 무언가를 요청하기 전에 미리 필요한 것들을 챙기고 제때에 제공하기 위한 일종의 전략이다. 김 대표는 이 CCTV를 통해 손님의 식사 속도를 파악하고, 드시던 고기가 떨어지기 직전에 따뜻한 1인분을 제공하여 손님의 만족도를 높인다. 고급 호텔에서 코스요리의 서빙 타이밍을 맞추기 위해 CCTV를 활용하는 것과 같은 전략인 셈이다.

주방의 소음을 경쾌한 리듬으로 /

전주 현대옥

전주 남부시장식 콩나물국밥의 원조인 현대옥은

1세대 양옥련 여사에게 2세대 오상현 대표가 직접 비법을 전수받아 프랜차이즈 사업으로 발전시킨 곳이다. 현대옥은 세대교체 후에도 이전과 동일한 조리 방식과 한결같은 맛을 자랑하며 손님들에게 사랑받고 있는데, 언젠가 오 대표를 만나 인터뷰를 하던 중 이런 이야기를 듣게 되었다.

"저희 현대옥 국물 맛의 핵심은 마늘을 즉석에서 다져 넣는 것입니다. 처음 그 맛을 지키고자 예전 방식 그대로를 고수하고 있죠. 손님 눈앞에서 마늘을 다질 수는 없기에 주방에서 작업을 하는데요. 그런데 이 마늘 다지는 소리가 손님들에게는 자칫 소음으로 느껴질 수 있겠다고 생각했습니다. 그래서 어떻게 하면 소음으로 인식되지 않을까를 고민하게 되었죠."

오 대표는 주방에서 흘러나오는 소리가 경쾌한 리듬이라면 손님들에게 들기 좋은 소리로 다가갈 수 있지 않을까 하는 생각을 했다고 한다. 그때부터 그는 사물의 다양한 소리를 연구하기 시작했다. 곧이어 오 대표는 이렇게 말했다.

"도마와 칼이 부딪히면서 내는 모든 소리를 조합해보다가 결국 '쿵쿵쿵-닥닥닥'이라는 리듬을 발견했습니다. 이 소리가 듣기에 가장 좋더라고요. 그리고 마늘을 즉석으로 다져 넣는다는 안내 포스터를 만들어 전 매장에 부착했습니다. 그 결과 손님들은 주방과 홀을 가득 채우는 이 소리를 현대옥이 옛 맛을 지키려 노력하고 있다는 것으로 좋게 받아들여 주셨지요."

맛뿐만 아니라 아주 작은 부분까지도 손님을 배려하고 이해하는 서비스는 나보다 손님을 먼저 생각하는 마음에서 비롯된다. 여기에 체계적인 실행 매뉴얼이 더해진다면 더 많은 손님에게 사랑받는 가게로 성장할 수 있다. 손님의 마음에 오래도록 잊히지 않는 가게로 기억되고 싶다면, 그들이 가게에 머무는 시간과 상황, 동선 등 서비스의 전 과정을 점검해보기 바란다.

그 집을
오래 기억하게 만드는
시그니처 서비스 /

시그니처Signature라는 단어는 본래 '서명'이나 '표시'를 의미하지만, 자신을 상징하는 뛰어난 특징이 있는 대표 제품이나 메뉴, 서비스를 뜻하기도 한다. 서비스업, 그중에서도 특히 외식업에서는 이제 더 이상 제품 고유의 특징, 즉 맛만으로는 가게를 차별화시키기가 무척 어려워졌다. 물론 맛 하나만으로 손님을 끌어들이는 가게도 많지만, 대부분은 오랜 세월 그 자리를 지켜낸 터줏대감과 같은 곳이다.

그래서 필요한 것이 바로 '시그니처 서비스Signature service'이다. 이는 손님들의 눈길을 사로잡고, 우리 가게의 이미지를 오래 기억할 수 있게 하는 독특한 서비스 기법을 말한다. 그렇다면 골목의 작은 가게들은 어떻게 시그니처 서비스를 개발하고 효과적으로 알릴 수 있을까? '창조는 모방에서 시작된다'는 말이 있듯이, 자기만의 시그니처 서비스가 분명한 가게들의 사례를 하나씩 살펴보고 참고하여 적용해보기 바란다.

강력한 캐릭터로
시각적인 즐거움을 /

별양집

　　　　　서울 역삼동에 위치한 별양집은 무려 30년 이상의 역사를 갖고 있는 식당으로, 대한민국을 대표하는 양대창 맛집이라고 해도 과언이 아니다. 특이하게도 별양집 매장 입구에 들어서면 제일 처음 야구방망이를 든 슈퍼마리오 피규어가 손님들을 반겨준다. 그리고 이와 같은 캐릭터 피규어는 매장 곳곳에 열 개 이상 놓여 있다. 양대창과 슈퍼마리오 캐릭터가 어울리지 않을 법도 한데, 은근히 언밸런스한 매력이 있다. 식당은 자고로 음식 맛이 좋아야지, 너무 외관에만 치중하는 게 아닌가 하고 의심하는 사람이 있을 수 있겠다. 물론 맞는 말이다. 하지만 별양집은 맛도 훌륭하고, 서비스도 손색없다.

　그리고 이곳에는 또 다른 특별한 서비스 메뉴가 있다. 살얼음을 동동 띄운 동치미를 한 사람당 한 그릇씩 제공하는데, 어찌나 시원하고 맛있는지 혼자 두세 그릇을 먹는 것은 일도 아니다. 물론 동치미가 맛있는 음식점은 많다. 하지만 내게 인상적이었던 건 동치미를 리필해주는 장면이었다. 별양집은 손님들의 동치미 그릇이 비워질 때면 직원들이 테이블을 돌며 직접 동치미를 리필해준다. 스테인리스 사발에 시원한 동치미를 가득 담아와 그릇으로 수북이 퍼 담아주는 그 장면은 꽤나 오랫동안 잊히지 않는다. 나뿐만 아니라 다른 손님들도 별양집에 대한 기억을 떠올릴 때 같은 장면을 생각하지 않을까 싶다.

지친 사람들을 응원하는
아침밥 서비스 /

고반등신

　　　　　서울 선릉역 부근에 위치한 고반등심은 최고급 숙성 한우를 합리적인 가격에 판매하는 식당이다. '고반'이라는 말은 훌륭한 식사를 뜻하는 말로, 이곳은 손님들이 제대로 대접받았다는 만족감을 얻고 돌아갈 수 있도록 많은 노력을 기울이고 있다.

특별히 이 식당에는 '고반이 응원하는 아침밥 프로젝트'라는 서비스가 있다. 매장을 방문한 모든 손님에게 미역국 한 그릇씩을 포장해 주는 서비스인데, 여기에는 깊은 뜻이 담겨 있다.

고반등심의 한지훈 대표는 어릴 적부터 항상 어머니가 아침밥을 챙겨주셔서 거른 적이 없었다고 한다. 하지만 대학 시절에는 자취를 한다는 이유로 끼니를 거르기 일쑤였다. 그러다 가끔씩 본가에 돌아가면 어머니가 끓여주신 미역국을 먹으며 행복감을 느끼곤 했다. 한 대표는 가게를 운영하며 이때의 기억을 떠올렸다.

'아침밥 챙겨 먹기 힘든 직장인들에게 따뜻한 미역국 한 그릇을 주어 밥 한술 말아 든든하게 먹고 출근하게 만들면 어떨까?'

별양집에 놓인 슈퍼마리오 피규어

잘되는 가게들은
시그니처 서비스라는
자신만의 무기를 갈고닦아
고객이 꾸준히 아끼는 공간으로
성장해왔다.

그런 마음을 담아 아침밥 프로젝트를 시작했다.

"손님들에게 미역국을 포장해드리는 일은 아침밥 거르고 다니지 말라는 어머니의 말씀에서 비롯되었습니다. 식당이 대형화되고 시스템화되면서 깔끔해지긴 했지만, 반면에 따뜻함은 점점 사라지는 것 같아요. 그래서 대단한 건 아니지만 미역국 한 그릇을 포장해드리면서 손님들께 따뜻한 온기를 전해드리고자 마음먹었습니다. 처음에는 비용이나 업무량이 늘어난다는 이유로 직원들의 반대가 심했습니다. 그런데 손님들이 좋아하시는 모습을 보고는 보람을 느껴서, 이제는 직원 모두가 즐거운 마음으로 미역국을 끓이고 포장하고 있습니다."

고기를 먹고 나가는 손님들의 손에는 하나같이 미역국 한 봉지가 들려 있다. 흔히 사람은 처음과 마지막을 가장 오래 기억한다고 하지 않던가? 고반등심만의 시그니처 서비스에는 손님의 마지막 순간까지 행복을 전해주겠다는 따뜻한 마음이 깃들어 있다.

식전 빵 하나에도
남다른 정성을 /
랩24

역삼동에 위치한 랩24는 에드워드 권 셰프가 운영하는 프렌치 레스토랑으로도 알려져 있다. 이곳 역시 훌륭한 음식

맛에 특별한 서비스가 더해져 손님들에게 기분 좋은 인상을 남긴다.

먼저 입구에 들어가면 직원들이 "즐거운 경험 되십시오"라고 인사를 한다. 이런 말을 들은 손님들은 '뭔가 다른데?'라고 생각할 수밖에 없다. 식기 하나하나에도 셰프의 이니셜이 새겨져 있고, 식전 빵 역시 독특한 상자에 담겨져 나온다. 이 상자를 열면 갓 구운 빵처럼 모락모락 김이 올라오는데, 온기는 따뜻하다 못해 뜨거울 정도다. 나는 이 빵의 비밀이 궁금해 담겨 나온 상자를 열어보았다. 그런데 겉과 달리 내부가 전부 나무로 되어 있었다. 상자 내부 밑바닥에 구멍이 나 있기에 그 안을 자세히 들여다보니, 놀랍게도 뜨거운 돌이 놓여 있었다. 식전 빵이 지닌 맛과 매력을 최대한 살리기 위해 빵 상자를 특수 제작했던 것이었다. 뜨겁게 달군 돌을 상자 안에 넣으니 빵의 온기가 지속되었고, 손님들은 처음부터 끝까지 따뜻한 빵을 맛있게 즐길 수 있었다.

만드는 모습을 통해
맛을 시각화하다 /

바르다 김선생

바르다 김선생에서 근무할 당시, 나는 현장의 소리를 듣기 위해 직영점 및 가맹점을 수시로 다니곤 했다. 그날은 이촌점을 방문한 날이었는데, 이 지점은 특이하게도 매장 전면에 유난히 넓은 공간이 마련되어 있었다. 거짓말 좀 보태서 축구를 할 수도 있을 만한 공간이었다. 그래서 나는 평소에 대기하는 손님들을 위해 여기에 대기석을 놓으면 어떨까 하고 점장에게 제안했다. 그러자 점장은 손사래를 치며 이렇게 말했다.

"팀장님, 그건 안 됩니다. 우리 바르다 김선생의 꽃이 김밥을 만드시는 여사님들인데, 매장 전면에 손님 대기석을 놓으면 여사님들이 김밥 싸시는 모습을 가리고 말 텐데요."

이 말이 끝나기가 무섭게 점장은 직원들에게 다가가 이렇게 말했다.

"여사님들이 바르다 김선생의 꽃인 거 아시죠? 그래서 김밥을 쌀 때도 마치 내가 걸그룹이 된 것처럼 웃으면서 싸주셔야 합니다. 여사님들이 우리의 스타이기 때문입니다."

이 지점의 점장을 통해 나는 바르다 김선생이 가진 시그니처 서비스가 바로 이러한 것이었다는 점을 깨달았다.

잘되는 가게들은 시그니처 서비스라는 자신만의 무기를 갈고닦아, 손님들이 꾸준히 아끼는 공간으로 성장해왔다는 공통점이 있다.

'어떻게 하면 손님에게 즐거움을 줄 수 있을까?'

작은 가게를 운영하는 사람일지라도 이 질문을 늘 가슴에 품어야 한다. 그리고 자신의 브랜드가 더 오래 기억에 남을 수 있도록 독창적인 서비스를 만들어야 한다.

공부하는 가게는
늘
새로움을
추구한다 /

스타벅스는 한정된 매장 공간에서 날마다 새로움을 추구하며 변신을 도모한다. 시즌에 따라서 다양한 변화를 시도하는데, 언제나 한발 앞서가는 것으로 유명하다. 스타벅스의 초기 메뉴판은 칠판에 메뉴 이름과 신 메뉴 이미지를 직접 쓰고 그리는 방식으로 디자인되어 있었는데, 최근에는 컬러풀한 포스터로 대체되었다. 이 또한 계절에 따라서 분위기가 확 달라진다.

그래서일까? 스타벅스를 자주 이용하는 사람들은 사계절의 변화를 스타벅스 매장에서 가장 먼저 체감한다고 말한다. 컵 홀더 하나하나에도 한 시즌을 앞서 꽃이 피고 눈이 내리는 스타벅스만의 독특한 마케팅을 누가 이겨낼 수 있을까?

더불어 스타벅스는 '고객 참여 마케팅'에도 적극성을 보인다. 기업 경영 활동의 키워드가 고객 만족을 넘어 고객 참여로 옮겨짐에 따라,

고객의 요구에 적극적으로 대응하는 수준이 아닌 고객이 메뉴명을 직접 정하고 제품 패키지 디자인에도 참여하는 시대가 된 것이다. 전 세계 고객들의 디자인이 반영되어 제작된 스타벅스의 '2016 레드컵'을 그 예로 들 수 있다.

　하지만 사실 소규모 가게에서 이처럼 막대한 자본과 전국적 유통망을 활용하는 스타벅스의 마케팅 전략을 따라 하기란 쉽지 않다. 그런데 이와 비슷한 전략을 취해 강남역 인근 대형 프랜차이즈 카페와의 경쟁에서 당당히 승리하며 브랜드 영역을 넓히고 있는 작은 카페가 하나 있다. 강남 스타벅스와 100미터도 채 안 되는 거리에 위치한 아리스타커피 삼성본점이다.

손님의
시선을 이끄는
1인치의 차이 ✦

　　　　　　아리스타커피의 매장 안에서는 수많은 재미있는 시도가 이루어진다. 할인 메뉴를 정하더라도 늘 고객의 의견을 수렴하여 결정한다. 고객이 의사결정 과정에 직접 참여하니 즐거움을 느끼고, 그 혜택을 가격 할인으로 고스란히 돌려받으니 발전된 형태의 '고객 참여 마케팅'이라고 할 만하다.

아리스타커피는 커피 전문점이지만 커피 못지않게 과일 주스가 맛있는 카페로도 유명하다. 삼성역 인근에 과일 주스를 전문으로 하는 가게가 많지 않다는 사실을 발견한 뒤, 틈새시장을 공략해 성공한 것이다. 더불어 이곳은 제품 진열에도 상당히 많은 공을 들인다. 과일 하나를 진열해도 신선한 것만 선별하고, 매장 앞과 진열장에 대량으로 놓아 오고가는 손님의 시선을 머무르게 만든다.

무엇보다도 눈에 띄는 점은 메뉴 디자인이다. 메뉴 디자인의 목적은 가게가 팔고 싶어 하는 메뉴를 최대한 손님의 눈에 띄게 만들어 구매율을 높이는 것이다. 커피 전문점 카운터 옆 진열장에서 가장 손님의 눈길을 끄는 곳은 어디일까? 바로 오른쪽 상단이다. 그리고 놀랍게도 아리스타커피 삼성본점은 그 사실을 알고 실천하고 있었다.

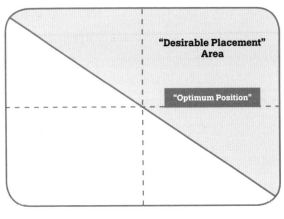

메뉴 초점 영역 by William Doerfler

아리스타커피의 진열장

아리스타커피에 가보면 손님의 시선이 머무는 최적의 위치에 자신들의 판매 주력 메뉴인 딸기주스를 진열해놓았다. 게다가 유리에 테두리까지 표시하고 메뉴명을 크게 적어 강조의 효과를 높였다.

고객을 마케팅에
참여시켜라 /

스타벅스는 신 메뉴를 출시할 때 가격 할인을 하지 않는 것으로 유명하다. 대신 손님이 그 음료를 경험할 수 있도록 하는 BOGO(Buy One Get One, 1잔 구매 시 1잔 더 제공) 전략을 사용한다. 아리스타커피 또한 이와 유사한 전략을 판매에 적용했다.

아리스타커피는 신 메뉴가 출시될 때마다 매장 앞에서 손님들을 대상으로 시음회를 열고, 그때마다 다양한 이벤트를 열어 당첨된 손님들에게 선물로 새 메뉴를 제공한다. 아무리 맛있고 좋은 메뉴라 하더라도 손님이 맛보지 않으면 절대 스스로 팔리지 않는다는 사실을 잘 알고 있기 때문이다.

또 아리스타커피는 최근 배달 서비스까지 도입했다. '배달 가능'이라는 문구가 크게 쓰인 어깨띠를 둘러맨 직원들의 모습에서는 넘치는 에너지를 느낄 수 있다. '음료 한 잔도 정성껏 배달해드립니다'라는 문구에서 손님 한 사람의 마음까지도 사로잡겠다는 이곳 직원들의 뜨거운 열정이 그대로 느껴졌다.

치열한 카페 업종 경쟁에서는 이제 음료만 판매해서는 수익이 나기가 어렵다. 그래서 많은 카페가 전문 제빵사를 고용해 베이커리나 디저트 메뉴를 추가하고 있다. 하지만 아리스타커피는 제빵사가 없어도 조리가 가능한 샌드위치와 생과일 주스라는 틈새 메뉴로 삼성동 상권을 장악했다. 작은 공간 안에서 벌어지는 그들의 다양한 시도와 변화는 바로 옆 스타벅스 매장을 능가하기에 충분하다.

아리스타커피의 점장을 만나 작은 매장 안에서 이토록 빠른 변화를 시도할 수 있는 원동력이 무엇이냐고 물어보았다.

"저희 아리스타커피는 점장만 열 명이 넘습니다. 이들은 매주 모여 경쟁사 업체를 탐방하고 공부하며, 매출 향상을 위한 메뉴 개발이나 다양한 마케팅 전략을 함께 구상합니다. 그리고 이게 다가 아닙니다. 각자 매장에서 실행한 것 중 좋은 내용이 있다면, 메시지로 곧바로 공유하며 서로 적용해나갑니다. 그래서 남들보다 더 빠르게 검증된 방향으로 나아갈 수 있습니다."

현실에 안주하지 않고, 동료들과 머리를 맞대고 공부하며 작은 변화를 하나씩 실천하는 가게, 그런 가게는 불황에 빠질 리가 없다. 짧지만 인상적인 만남을 통해 아리스타커피가 끊임없이 변화하고 성장할 수 있는 원동력과 대형 프랜차이즈 매장에도 뒤지지 않는 경쟁력의 원천, 그리고 매출 향상의 비결을 알 수 있었다.

기분 좋은
기억을 남기는
말 한마디 /

십여 년 전, 패밀리 레스토랑에서 웨이트리스로 근무할 때의 일이었다. 저녁 시간에 한 가족이 매장을 방문했는데, 나는 그 테이블의 담당자였다. 주문한 음식을 서빙하는 과정에서 하마터면 큰 사고로 이어질 뻔한 사건이 벌어졌다. 음식을 들고 테이블로 다가간 순간, 자리에 앉아 있던 아이가 유리잔을 손으로 툭 치는 바람에 잔이 아래로 떨어지고 만 것이었다. 그 순간 나는 무의식적으로 그 잔을 받기 위해 발을 가져다댔다.

당시에 나는 일을 시작한 지 얼마 되지 않았던 터라 능수능란한 서비스 기술은 없었지만, 손님에 대한 열정만큼은 가득했다. 양손에 음식을 들고 있어서 자유롭게 움직일 수 있는 부위는 발뿐이었고, 어느 상황에서도 손님을 먼저 배려해야 한다고 배웠기 때문에 몸이 먼저 반응하고 말았다. 그것이 내가 그 상황에서 대응할 수 있는 최선의 방법이었다.

그대로 바닥에 떨어졌으면 큰 유리잔이 산산조각나면서 대형 사고로 이어질 뻔했다. 다행히 발로 받아낸 덕분에 유리잔은 쿵 하는 소리와 함께 살짝 금이 갔을 뿐 깨지는 않았고, 가까스로 위험한 상황을 모면할 수 있었다.

그때 테이블에 앉아 있던 손님들은 찰나의 순간에도 자신들을 보호하기 위해 애쓴 나의 노력에 크게 감동을 받았고, 그 덕분에 나는 '이달의 우수 사원'으로 선정되었다.

몇 해 전 피부 관리를 받으러 센터에 간 날에는 이런 일도 있었다. 나는 평소 원장님께 관리를 받는데 그날따라 자리를 비우셨는지 원장님이 보이질 않았다. 피부 마사지는 누가 하느냐에 따라 서비스의 편차가 발생하기 때문에 그냥 돌아갈까 하다가 다른 직원에게 마사지를 받기로 했다. 내심 불안해하며 별 기대 없이 자리에 누워 기다리고 있었는데, 그때 직원이 건넨 한마디 말에 나는 크게 감동을 받았다.

"제가 원장님보다는 부족하겠지만 최선을 다해보겠습니다."

내게 건넨 말처럼 직원은 진심으로 최선을 다해주었다. 그녀를 미덥지 않게 생각했던 내 마음을 들킨 것 같아 괜히 미안한 마음도 들었다. 또 한편으로는 나를 배려해 진심 어린 말 한마디를 건네준 직원이 너무 고마웠다.

이처럼 서비스를 받는 손님의 입장에 서보면 비로소 보이는 것들이 있다. 서비스에 대한 뛰어난 스킬이 없어도, 손님을 향한 마음가짐과 말 한마디만으로도 손님을 감동시킬 수 있는 법이다. 이것이 내가 서비스의 기술보다 태도를 강조하는 이유이기도 하다.

접점을 설계하고
관리하는 법 /

비가 오는 날이면 따뜻한 커피 한 잔이 생각난다. 그날도 나는 평소처럼 스타벅스에 들러 사이렌오더(Siren Order, 매장에 줄을 서지 않고 모바일로 주문과 결제를 한 다음 매장에서 음료를 받는 서비스)를 이용해 커피를 주문했다. 직접 주문을 하지 않으니 직원과 나의 접점(Moment of Truth, 결정적인 순간이라는 뜻으로 마케팅에서는 고객 접점을 의미한다)은 음료를 찾아가는 한 번뿐이었다.

커피를 받아 들고 별생각 없이 매장을 나가려던 순간이었다. 그때 내 등 뒤로 "감사합니다. 안녕히 가세요"라고 인사하는 직원의 목소리가 들려왔다.

왠지 모르게 나는 등 뒤의 직원이 나를 바라보며 인사하고 있다는 느낌을 받았다. 뒤를 돌아보니 역시나 저 멀리에서 직원이 나를 보며 미소 짓고 있었다.

손님을 돌아보게 만드는 것은
다름 아닌 직원의 따뜻한 눈빛과 마음이다.

똑같은 인사말이어도 '손님을 향한 것'과 '그렇지 않은 것'은 분명한 차이가 있다. 그 미묘한 차이를 손님들은 귀신같이 알아차린다. 손님을 돌아보게 만드는 것은 다름 아닌 직원의 따뜻한 눈빛과 마음이다.

사이렌오더 서비스의 접점은 한 번인 반면, 스타벅스의 드라이브스루(drive-through, 차에 탄 채로 쇼핑하는 상점) 매상은 총 세 번의 섭섭이 발생한다.

첫 번째 접점은 진입로에 설치된 광고 스크린으로, 시즌 음료와 음식 이미지를 보여준다. 두 번째 접점 역시 마찬가지로 스크린을 통해 음료와 어울리는 추천 메뉴 이미지를 보여준다. 코너를 돌면서 두 번이나 메뉴 이미지를 보니 커피에 사이드 메뉴까지 주문을 해야 할 것 같은 생각이 든다. 메뉴마다 숫자를 표기한 것도 눈에 띈다. 이렇게 하면 주문하는 고객은 편리하고 주문받는 직원은 빠르게 접수할 수 있다는 효과가 있다. 곧이어 스피커를 통해 직원의 친절한 목소리가 흘러나온다. 세 번째 접점에 이르러서야 비로소 손님은 직원과 만나게 된다.

이렇게 스타벅스의 드라이브스루는 단 세 번의 접점만으로 모든 서비스가 끝난다. 그중에서도 실제 직원과 마주하는 접점은 세 번째 단계 단 한 번뿐이다. 자연히 그 단계에 가장 신경 쓰게 되고, 친절하고 상냥한 목소리의 직원을 배치하게 된다. 한번 이용해보는 것만으로도 드라이브스루 서비스의 핵심인 '신속성'과 '편리성'이 진입로 및 동선, 서비스 프로세스에 잘 녹아 있다는 것을 깨달을 수 있을 것이다. 접점별 서비스도 손님의 서비스 이용 단계에 맞게 간단하고 간편하게 디자인되어 있다는 점도 이해할 수 있다.

위의 두 가지 스타벅스의 사례처럼, 작은 가게 역시 마찬가지로 손님의 움직임과 이용 패턴을 분석한 데이터를 통해 접점별 서비스를 섬세하게 디자인할 필요가 있다. 사람의 마음을 사로잡기 위해서는 그들의 소비 심리와 패턴을 정확하게 분석하고, 감성적으로 접근하는 것이 효과적이기 때문이다.

뚜껑을 꽉 닫아도
커피가 줄줄 새요.

"냅킨 좀 주세요."

손님이 방금 테이크아웃 잔에 커피를 가져갔는데 커피가 새어 냅킨을 요구한 경험, 카페 사장님들이라면 누구나 겪어보셨을 것입니다. 넘칠 것을 우려해 꽉 채워 담는 것도 아닌데, 대체 왜 이렇게 커피가 줄줄 새는 걸까요? 우리 가게의 컵을 바꿔야 하는 걸까요?

커피 업계 관계자들의 말에 따르면, 종이컵의 이음새 부분과 뚜껑의 마시는 입구가 겹쳐져 닫히면 커피가 새는 현상이 발생한다고 합니다. 그러니 직원을 교육할 때 컵 뚜껑을 꽉 닫는 것만 가르치지 말고, 제대로 닫는 법을 가르쳐야 한다는 뜻이지요.

그런데 서비스는 '비분리성'이라는 특성 때문에 서비스 과정에서 손님이 하는 행동으로 인하여 또 다른 문제가 발생할 수 있습니다. 손님이 음료를 마시는 과정에서 뚜껑을 열었다 닫을 경우가 바로 그런 예입니다. 손님에게 뚜껑을 절대 열지 마시라고 주의를 줄 수도 없고, 대체 이런 경우에는 어떻게 해결할 수 있을까요?

이럴 땐 이렇게!

커피 프랜차이즈 할리스는 이런 문제를 기발한 방법으로 해결하고 있습니다. 바로 컵에 메시지를 인쇄하는 것이지요.

> '음료기 샐 수 있습니다.
> 뚜껑의 마시는 입구와 화살표가
> 겹치지 않게 뚜껑을 덮어주세요.'

컵의 이음새 부분에 이런 메시지를 화살표와 함께 인쇄하면, 손님들도 스스로 주의를 하게 되어 커피가 새는 불상사를 막을 수 있습니다. 크게 돈 들이지 않고도 손님의 만족도를 끌어올리는 기발하고 좋은 서비스 사례입니다.

3장.

맛은 기본!
시스템으로
승부하라

/

저절로
매출이 오르는
장사 매뉴얼
A to Z

파는 것과
남기는 것,
무엇이
더 중요할까 /

음식점을 경영하다 보면 전월 대비 매출은 늘었는데 주머니는 더 가벼워진 상황을 종종 접할 때가 있다. 대체 왜 이런 일이 발생하는 걸까? 매출이 변동될 때 비용을 제대로 관리하지 못했기 때문이다. 매출액에서 매출원가를 빼면 매출총이익이 나온다. 원가가 낮다면 당연히 이익은 높아지겠지만, 원가가 높다면 이익은커녕 금전적 손실을 볼 수도 있는 법이다.

우리 가게에
이익이 나지 않는 이유 /

음식점을 경영하는 사장이라면 표준원가와 실제 원가 사이에 어떤 차이가 있는지를 알고 관리할 수 있어야 한다. 예를 들어 떡볶이를 100개 팔았을 때의 표준원가가 10만 원이고, 실제 발생한 원가가 13만 원이라면 3만 원의 손실이 어디에서 발생했는지를 찾아 문제를 해결해야 한다. 사장의 최종 책임이 '이익 창출'이며, 매출이 같더라도 이익을 높일 수 있는 방법이 '원가 관리'이기 때문이다.

원가를 이해하려면 '원가'와 '비용'의 정확한 개념부터 알아야 한다. 원가란 매출액과 연동되는 비용인 식재료비, 인건비, 수도광열비 등을 말하며, 제품이 팔렸을 때 비로소 매출원가라는 비용이 된다. 비용이란 매출액과 연동되지 않는 판매 또는 관리 활동에 소요된 원가를 말한다. 임차료, 광고료, 세금 및 공과금 등이 있고, 발생과 동시에 비용이 된다.

얼마 전 텔레비전에 어느 대박집의 노하우가 소개되었다. 한우를 전문으로 판매하는 식당이었는데, 그 집의 사장은 이렇게 말했다.

"요즘 손님들은 너무 똑똑해서 원가가 얼마인지 원산지가 어디인지 귀신같이 알아채요."

얄팍한 상술로는 손님을 속일 수 없다는 뜻이다. 그런데 대부분의 사장들이 저품질 재료를 사용하거나 재료의 양을 줄이는 방법으로 비용을 줄이려고만 한다. 물론 이익의 관점에서는 비용이 낮을수록 좋겠지만, 원가 관리 시 이익을 남기고자 비용을 줄이는 데에만 급급하다 보면 다음과 같은 부작용이 발생할 수 있다.

- 식재료비를 줄이면 음식의 품질이 저하된다.
- 인건비를 줄인다고 사람을 줄이면 서비스 품질이 저하된다.

몇 푼 아끼려다가 결국 매출 감소로 이어져 더 큰 손실을 볼 수 있다는 뜻이다. 그렇다면 어떻게 해야 손실이나 낭비를 최소화하고 불필요한 비용을 찾아서 관리할 수 있을까?

질 좋은 메뉴를
싸게, 필요한 만큼
구입한다 /

사장이라면 취급하는 모든 식재료의 최고가격과 최저가격을 상세히 조사한 뒤 최소 세 명의 공급업자로부터 가격을 제안받아야 한다. 공급업자로부터 구입하는 것이 효과적이면 그렇게 하고, 아니라면 직접 구입해도 좋다. 식재료 가격을 조사할 땐 aT한국농수산식품유통공사에서 운영하는 '농수산물 가격정보 애플리케이션'을 활용하면 좋다.

그렇다면 필요한 만큼의 식재료를 구입하려면 어떻게 해야 할까? POS의 '메뉴별 매출현황 기능'을 이용해 메뉴별 판매량을 분석하고, 재고 관리를 위한 인벤토리 시트를 만들어 식재료별 적정 사용량을

보관	냉장고1			냉장고1			냉장고2			냉장고3		
구분	채소류			채소류			채소류			채소류		
Code	F01produce00021			F01produce00022			F01produce00023			F01produce00024		
품명	단호박			생표고버섯			송이버섯			다진마늘		
Spec	3kg*3			1kg*2			720g*1			2kg*1		
발주단위	kg			kg			pack			kg		
단가(원)	34,000			37,000			26,000			17,000		
	재고	사용	주문	재고	사용	주문	재고	사용	주문	재고	사용	주문
08/31/금	1	4	9	1	0.5	2	1	0.5	2	1	0.5	2
09/01/토	6	2	0	2.5	1	0	2.5	1	0	2.5	1	0
09/02/일	4	3	0	1.5	0.5	0	1.5	0.5	0	1.5	0.5	0
09/03/월	1	8	9	1	1	2	1	1	2	1	1	2
09/04/화	2	11	9	2	2		2	2		2	2	

〈인벤토리 시트 예시〉

산출해야 한다.

식재료를 준비하는 과정에서도 저울을 0점으로 맞춘 뒤 정량을 소분해놓고, 전 직원이 레시피대로 조리할 수 있도록 하는 교육이 뒷받침되어야 한다. 만일 레시피가 없다면 표준화된 레시피부터 만드는 게

급선무다. 사람마다 조리 방법이 다르고, 제공량이 달라지면 원가 관리뿐만 아니라 품질 관리 또한 놓치게 되기 때문이다.

또한 동일한 식재료를 교차로 사용할 수 있는 신 메뉴를 개발한다면, 한 번에 구입하는 식재료 양이 많아져 식재료비를 낮출 수 있다. 다만 관리를 제대로 못하면 도난당하기나 재료가 상하는 등 손실의 우려가 있고, 동일 식재료를 너무 많은 메뉴에 넣으면 메뉴가 단조로워질 수 있으니 이 또한 세심하게 고려해야 한다.

이익이 나는 원가 관리란 좋은 재료를 저렴하게 구입하는 것, 레시피대로 준비한 식재료를 아낌없이 사용하되 철저히 관리해서 낭비하지 않는 것, 교차로 사용할 수 있는 메뉴를 개발해 식재료를 알뜰하게 사용하는 것이다.

'국내산 김치를 중국산으로 바꿔볼까?' '해물떡볶이에 들어가는 모둠해물 양을 조금만 줄여볼까?' 이렇게 무작정 원가를 절감해 서비스 품질을 떨어뜨리는 것은 결국 서서히 손님을 잃는 길임을 명심해야 한다.

매출을
끌어올리는
메뉴 구성법 /

음식 비즈니스는 메뉴에서 시작해 메뉴로 끝난다고 해도 과언이 아니다. 손님들이 선호할 만한 메뉴를 개발해 합당한 지불 수준 범위에서 가격을 결정하고, '판매량 예측-식재료 원가율 계산-발주-검수-보관-생산-판매' 등의 프로세스를 거쳐 매장의 매출 전체를 컨트롤하기 때문이다. 이처럼 메뉴란 음식점이 생산하고 제공하는 대표적인 상품이자 매출에 직접적인 영향을 미치는 요인이기 때문에 지속적으로 관리하고 점검할 필요가 있다.

신 메뉴를 출시할 때 점검해야 할 것들 /

수년 전, 원플레이트 푸드가 유행할 때가 있었다.

S브랜드는 원플레이트 푸드의 원조 격인 프랜차이즈 식당으로 음식의 퀄리티도 훌륭하고, 직원들의 복명복창 서비스도 인상적이다. 맛은 기본이고, 푸짐한 양에 마치 2인분 같은 1인분이 특징인 곳이다. 가격은 전 메뉴가 1만 9800원으로 여럿이 갈수록 가성비가 높아지는 메뉴 구조다. 이러한 이유로 손님들은 1만 9800원이라는 가격을 비싸다고 생각하지 않는다.

하지만 이 가게에 둘이 가면 이야기가 달라진다. 메뉴 선택에서부터 딜레마에 빠진다. 하나를 시키자니 아쉽고, 두 개를 시키자니 양이 너무 많다. 그렇게 고민을 하다가, 손님들은 꼭 아쉬운 마음에 두 개를 시킨다. 메뉴 두 개면 객단가가 벌써 1만 9800원이다.

여기에 7000원짜리 음료 한 잔만 추가해도 객단가가 더 높아진다. 인당 2만 원 이상이면 가격이 싸지 않다. 게다가 양이 많아서 음식을 꼭 남기게 된다. 포장을 요청하는 손님이 많아서 일손도 부족할 터, 나는 훗날 이것이 그들의 발목을 잡으리라 예상했다.

하지만 4년이 지난 지금, 그들은 진화해 있었다. 한상 메뉴가 출시된 것이다. 마치 P라는 브랜드를 복사해서 붙여놓은 것 같은 구성이지만, 1~2인 손님을 만족시키기엔 충분해 보였다. 또 이전보다 1만 원 더 낮은 가격으로 다양한 메뉴를 즐길 수 있었다. 가격이 낮아진 만큼 양도 줄어서 남은 음식을 포장하지 않아도 됐고, 음식물 쓰레기 또한 줄였다. 이런 점은 칭찬받아 마땅하다. 그런데 특이하게도, 여기에 맥주 메뉴가 추가되어 있었다.

아마도 이전 매출보다 낮아진 1만 원을 만회하려는 전략처럼 보이나, '과연 손님들이 맥주를 주문할까?'라는 생각부터 했어야 한다. P브랜드는 자연스럽게 맥주를 마시는 분위기가 형성되어 있다. 하지만 이곳은 20~30대 여성 또는 커플이 주로 밥을 먹기 위해 찾는 밥집이다. 벤치마킹을 하더라도 자사의 주요 손님층에 맞는 약간의 차별화가 필요한데 그런 점들을 고려했는지 의문이 들었다.

물론 프랜차이즈뿐만 아니라 작은 가게도 마찬가지다. 메뉴를 새로 출시했다면 출시 후 결과를 면밀히 관찰해야 한다. 판매량은 어떤지, 전보다 총매출이 올랐는지, 1~2인 손님이 더 늘었는지, 오히려 기존 손님이 줄고 자신들의 정체성이 사라져버린 것은 아닌지를 체크해봐야 한다.

불필요한 메뉴는
과감히 삭제하라 /

L 사장은 족발집을 운영하고 있다. 그는 봄을 맞이해 자신 있게 신 메뉴를 출시했다. 그런데 메뉴 개발에 심혈을 기울였음에도 불구하고 잘 팔리지 않았다. 아무리 맛있고 좋은 메뉴를 개

발한들 잘 팔리지 않거나 팔아도 크게 남는 게 없다면 어떨까? 사실 사장의 입장에서는 왜 우리 메뉴가 잘 팔리지 않는지 그 이유를 알기가 어렵다. 손님도 만족하고 가게의 매출도 끌어올릴 수 있는 메뉴를 팔기 위해 가게는 어떤 조치를 취해야 할까?

1. 직전 2개월간의 POS 매출로 ABC 분석을 실행하라

ABC 분석이란 메뉴 품목별 판매량, 매출액, 이익을 집계하여 공헌도가 높은 품목부터 A, B, C 세 개의 그룹으로 분류하여 메뉴를 평가하는 방법이다. A그룹은 총 매출액 70퍼센트에 해당하는 메뉴들이고, B그룹은 70~90퍼센트, C그룹은 90~100퍼센트에 해당하는 메뉴들이다.

L 사장의 가게의 경우, 전체 메뉴의 수는 22개였고 A그룹에 속하는 메뉴, 즉 매출의 70퍼센트를 담당하는 메뉴는 7개였다. 반면 C그룹에 속한 메뉴는 3개였다. A그룹의 메뉴는 이 가게가 팔아야 할 주력 메뉴로써 가게가 적극적으로 홍보 및 마케팅을 해야 한다. B그룹은 어떻게 해야 할까? B그룹의 경우 구색을 맞추기 위한 메뉴로써 남겨두고, A그룹을 뒷받침할 수 있도록 구성해야 한다. L 사장의 경우, 과감하게 C그룹의 메뉴를 삭제할 필요가 있다.

2. 식재료 원가율과 공헌이익을 계산한다

식재료 원가율이 50퍼센트에 값이 2만 원인 스테이크와, 식재료 원

구분	No.	메뉴명	총금액(원)	점유율(%)	누계(%)
A	1	○○족발(중)	36,078,000	20.8	20.8
	2	○○족발(대)	29,169,000	16.8	37.6
	3	○○정식	20,338,000	11.7	49.4
	4	냉채족발(중)	14,168,000	8.2	57.6
	5	처음처럼	7,608,000	4.4	61.9
	6	칭따오	6,696,000	3.9	65.8
	7	냉채족발(대)	6,242,000	3.6	69.4
B	8	오향장육(중)	4,757,000	2.7	72.2
	9	참이슬	4,447,000	2.6	74.7
	10	새우볶음밥	4,298,000	2.5	77.2
	11	CASS	3,380,000	2.0	79.1
	12	연태고량34(중)	3,025,000	1.7	80.9
	13	연태고량34(대)	2,720,000	1.6	82.5
	14	오향장육(대)	2,631,000	1.5	84.0
	15	□□족발(중)	2,311,000	1.3	85.3
	16	볶음밥	2,288,000	1.3	86.6
	17	△△족발(중)	2,062,000	1.2	87.8
	18	◇◇한접시	1,818,500	1.0	88.9
	19	연태고량34(소)	1,500,000	0.9	89.7
C	20	샤브샤브	1,296,000	0.7	90.5
	21	□□족발(대)	1,240,000	0.7	91.2
	22	고기추가	1,180,000	0.7	91.9

〈L 사장 가게의 ABC 분석표〉

가율 20퍼센트에 값이 4000원인 커피가 있다. 둘 중 어떤 메뉴를 팔아야 더 많이 이익이 남을까?

단순히 생각하면 식재료 원가율이 낮은 커피를 파는 게 더 많이 남는다고 생각할 수 있겠지만, 결과는 그렇지 않다. 식재료 원가율은 '(식재료비/메뉴가격)×100'이라는 공식으로 도출되고, 공헌이익은 '판매가격 − 식재료원가'로 계산한다. 식재료 원가로 비교하면 커피의 원가가 월등히 낮지만, 공헌이익을 따져보면 스테이크는 1만 원의 이익이 발생하고(20,000원 − 10,000원), 커피는 3200원의 이익이 발생해(4000원 − 800원) 식재료 원가율이 낮은 것보다 공헌이익이 높은 메뉴를 팔았을 때 더 많은 이익이 발생한다는 것을 알 수 있다.

그다음으로는 잘 팔리면서도 이익이 많이 남는 메뉴를 팔기 위해 A그룹 메뉴 중 원가율이 낮고 공헌이익이 높은 교집합 메뉴를 팔아야 한다. L 사장의 경우를 따져보면 다음과 같다.

No.	메뉴명	판매가(원)	부가세제외(원)	원가(원)	원가율(%)	공헌이익(원)
1	○○정식	40,000	36,364	11,000	30	25,364
2	오향장육(중)	30,000	27,273	9,000	33	18,273
3	○○족발(중)	30,000	27,273	9,200	34	18,073
4	냉채족발(중)	30,000	27,273	9,400	34	17,873
5	칭따오	8,000	7,273	2,692	37	4,581
6	처음처럼	4,000	3,636	1,327	36	2,309

〈공헌이익 계산표〉

분석 결과, 1~4의 메뉴가 잘 팔리면서도 공헌이익이 높으므로, 이 메뉴들을 팔기 위한 전략을 수립해야 한다.

3. 메뉴판에 '추천' 표시를 더한다

주력해서 팔아야 할 메뉴를 알았다면, 그것이 스스로 팔리게 하는 장치를 마련해야 하다

방법은 어렵지 않다. 해당 메뉴에 'BEST' '인기' '추천'이라는 문구를 표시하면 된다. 다만 손님이 메뉴에 대해 물었을 때 적절히 응대할 수 있도록 미리 직원을 교육시킬 필요가 있다.

이렇게 팔려야 할 메뉴가 잘 팔리게 되면 사장과 직원, 손님 모두에게 이득이다. 손님은 수많은 메뉴 중 고민 없이 메뉴를 고를 수 있고, 사장은 많이 남는 메뉴를 팔게 되니 이익률이 높아져서 좋다. 직원은 손님에게 일일이 메뉴를 추천하지 않아도 되니 시간을 벌 수 있다는 장점이 있다. 자연히 다른 손님의 테이블에 한 번 더 갈 수 있게 되어 서비스 품질이 높아진다.

인건비와
재료비의
황금 비율은? /

2018년이 되면서 지난해에 비해 최저임금이 16.4퍼센트 인상되었다. 시간당 7530원에 주휴수당(근로기준법상 1주일 동안 소정의 근로일수를 개근하면 지급되는 유급휴일에 대한 수당)까지 합하면 9030원이 되는 셈이다. 물론 사장들의 부담을 덜어줄 팁은 있다. 근로시간이 주 15시간 이내면 퇴직금 대상자도 아니고 주휴수당 대상자도 아니기 때문에 토요일 7시간, 일요일 7시간 일하는 직원을 구하면 그나마 인건비 부담을 줄일 수 있다. 하지만 조건 맞는 사람을 구한다는 게 어디 쉬운 일인가? 이럴 때 필요한 것이 바로 '효율적인 인건비 관리 매뉴얼'이다.

　　직원을 몇 명 뽑을지에 대해 고민하기 위해서는 기본적으로 우리 가게의 시간대별 매출 구조를 알아야 한다. 프랜차이즈 본사에서는 여러 지점의 사례를 통해 표준적 지표를 만들어 점주들이 최적의 경영 환경을 구축할 수 있도록 돕고 있다.

평균 직원 수,
몇 명이 적당할까? /

　　　　　통상적으로 음식점에서 사용하는 인건비율의 표
준은 매출액 대비 20퍼센트라고 한다. 그렇다면 현실은 어떨까? 나는
33제곱미터(약 10평) 기준, 생계형으로 운영되고 있는 모 외식 프랜차
이즈 262개의 가맹점을 대상으로 매출 구간대별 인력 현황에 대해 통
계를 내보았다. 결과는 다음과 같았다.

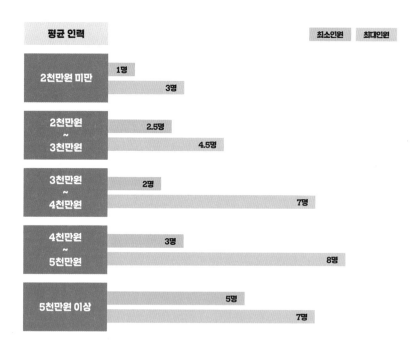

평균 인력	최소인원	최대인원
2천만원 미만	1명	3명
2천만원 ~ 3천만원	2.5명	4.5명
3천만원 ~ 4천만원	2명	7명
4천만원 ~ 5천만원	3명	8명
5천만원 이상	5명	7명

동일한 매출 구간에서도 근무하는 직원의 수가 적게는 두 명에서 많게는 다섯 명까지 편차가 발생했다. 월급제 직원의 인건비를 인당 220만 원으로 가정해보면, 최대 440만 원에서 1100만 원까지의 비용 차이가 발생하는 셈이다. 이처럼 많은 가게가 주먹구구식으로 직원을 뽑고 관리하고 있었다.

그렇다면 어떻게 해야 우리 가게의 매출에 합당한 직원 수를 산출하고 뽑을 수 있을까? 이쯤에서 프랜차이즈 본사가 적게는 수백 개, 많게는 수천 개의 매장을 조사하고 통계한 매출 구간별 직원의 수를 공개하도록 하겠다.

	홀 인력	주방 인력
2천만원 미만 2명		
2천만원~3천만원 3명		
3천만원~4천만원 4.5명		
4천만원~5천만원 5.5명		
5천만원 이상 6명		

해당 브랜드는 월 매출이 2000만 원 미만의 매장의 경우 홀 인력한 명, 주방 인력 한 명이 최적의 고용 형태라 판단하고, 이렇게 운영될 수 있도록 교육한다(가맹점 사장 포함). 이러한 표준을 참고해본다면 우리 가게의 인력 사용에 대한 계획 및 개선이 가능해진다.

그렇다면 총매출을 기준으로 얼마만큼의 인건비를 들여야 적절한 걸까? 통상적으로 임차료는 10퍼센트 선에서 관리되고, 인건비는 20퍼센트, 재료비는 40퍼센트 선을 넘지 않도록 움직이길 권한다. 그리고 이 수치는 유동적으로 조절할 수 있다. 이를테면 재료비가 45퍼센트라면 인건비를 줄이는 방향을 고려해봐야 한다는 뜻이다.

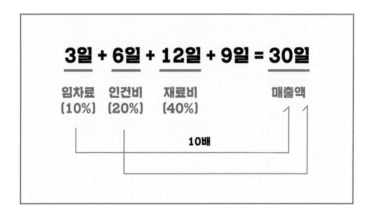

이해가 어렵다면, 위의 공식을 이용해 우리 가게의 비용 현황을 계산해보아도 좋다. 이를 전문 용어로 '프라임 코스트Prime Cost'라고 하

며, 재료비와 인건비를 더한 비율이 총매출의 65퍼센트를 넘지 않게
관리해야 한다는 점이 핵심이다.

POS가 가진
빅데이터를 활용한
매출 향상법 /

'빅데이터'라는 말을 한 번쯤 들어보았을 것이다. 기존의 데이터를 '수집-저장-관리-분석'하는 역량을 넘어 대량의 데이터로부터 숨은 가치를 추출하고 미래까지도 예측하는 기술을 말한다. 실제로 수많은 업계에서 빅데이터를 활용해 고객을 분석하고 판매 및 마케팅 전략을 세우고 있다.

물론 외식업에도 이러한 빅데이터가 존재한다. 놀랍게도 이 빅데이터는 모든 매장에서 이미 가지고 있다. 바로 'POS 데이터'이다.

실례로 패밀리 레스토랑인 세븐스프링스는 비가 오는 날 유독 매출이 저조하다는 데이터를 기반으로, 비 오는 날 방문한 손님들에게 20퍼센트 가격을 할인해주는 '날씨 마케팅'을 실시하고 있다. 같은 이유로 스타벅스에서도 비 오는 날 친구와 함께 방문하면 커피 한 잔 주문 시 한 잔을 더 주는 '1+1 이벤트'를 실시하고 있다. 대기업에서는 이처럼 POS 데이터를 기반으로 다양한 매출 증대 전략을 꾀하고 있는데,

작은 가게들은 어떠할까? 아마 대부분 POS를 그저 금전 출납기로 활용하며, 매출 확인 용도로만 사용하고 있을 것이다.

매장의 경쟁력을 높이는
경영 정보 시스템,
POS ✎

POS란 'Point Of Sale'의 약자로, 레스토랑 서비스에 대한 대가로 고객이 화폐를 지불하는 순간을 뜻한다. 상품을 판매하는 시점에 실시간으로 매출을 등록하고 집계 및 관리하여 경영자 및 관리자에게 필요한 경영 정보를 제공하는 종합적인 시스템이라 할 수 있다. POS가 가진 몇몇의 기능을 제대로 알고 활용한다면, 세븐스프링스나 스타벅스와 같이 우리 매장의 데이터를 집계 및 분석하고, 이를 기반으로 어떻게 하면 매출을 향상시킬 수 있는지 답을 찾을 수 있을 것이다.

1. 시간대별 매출 현황 기능을 통해 빈자리를 채워라

음식점은 무엇을 파는 장사일까? 이 질문에 대부분의 사람들은 당연히 '음식'이라고 대답할 것이다. 고전적인 접근으로 본다면 음식이 맞다. 하지만 좀 더 확장적인 사고를 가지고 사장의 입장에서 생각해

보면, 음식점은 음식을 팔기 이전에 '좌석'을 파는 가게라고 정의내릴 수 있다.

어떻게 하면 시간과 공간이 한정되어 있는 상황에서 더 많은 손님을 자리에 앉혀 매출을 끌어올릴 수 있을까? 가게를 운영하는 사장이라면 이러한 고민을 놓쳐서는 안 된다. 그래서 '가격'과 '시간'이라는 요인을 탄력적으로 조정해 손님을 유인하고, 비어 있는 시간대의 자리들을 채워야 한다. 이를 전문 용어로 외식서비스경영론에서는 '일드 매니지먼트Yield management'라고 한다. 고객 수요와 경쟁 요인에 따라 음식점의 수익을 최대로 만들기 위해 콘셉트 요소를 조절하는 관리 기법이라 할 수 있다.

일드 매니지먼트의 좋은 예로 아웃백스테이크하우스를 들 수 있다. 아웃백은 가격과 시간을 탄력적으로 조정하여 서로 다른 시간대의 손님에게 다른 가격을 받고 있다. 점심이 시작되기 전인 이른 시간대에는 관광객이나 단체 손님을 유인하고, 본격적인 스윙타임(점심시간 이후와 저녁시간 이전, 즉 고객 방문이 급격히 줄어드는 시간을 말하며 효율적인 매장 운영에 있어 방해요소로 꼽힌다)이 시작되는 14시부터 18시까지는 특별 쿠폰으로 손님을 유인한다. 손님의 발길이 끊어지는 늦은 시간대에는 영화를 보고 나온 손님들에게 무료로 서비스를 제공하는 판매 촉진 전략을 사용하고, 20시부터 22시, 그리고 24시까지는 맥주를 한 잔 가격에 두 잔을 주는 '투포원(2 for 1) 서비스'나 손님에게 안주를 무료로 주는 서비스를 실시하고 있다. 손님의 방문이 뜸한 시간조차 놓치지 않고 좌석을 채우려는 그들만의 전략인 셈이다.

이러한 전략을 펼치기 위해 활용할 수 있는 POS의 기능이 '시간대별 매출현황'이다. POS 회사마다 약간의 차이가 있겠지만, '시간대별 매출현황' 키를 클릭한 뒤 내가 원하는 기간을 설정하면 쉽게 확인해볼 수 있다. 기간 설정이 끝났다면 '조회' 키를 누르면 된다. 만약 우리 매장이 맥주 전문점인데, 14시부터 17시 사이의 매출이 가장 저조하다고 분석된다면 그 시간대에 손님을 매장으로 유인할 수 있는 가격 할인 정책이나 원 플러스 원 이벤트를 기획해볼 수 있는 것이다.

2. 고객 관리 기능을 통해 고정 손님을 확보하라

다만 아무리 이런 이벤트를 진행한다고 매장 안에 포스터를 붙여놓는다 한들, 손님이 직접 가게에 방문하지 않는다면 전혀 알 수 없을 것이다. 그래서 필요한 것이 바로 '고객 관리 기능'이다. 축적된 고객 데이터를 기반으로 문자메시지 안내를 보낸다면, 손님들을 가게로 유인할 수 있다.

제 아무리 유명한 톱스타라도 1년만 텔레비전에 얼굴을 비추지 않으면 잊히듯이, 가게도 마찬가지다. 손님들에게 지속적으로 우리 가게의 존재를 알리고 홍보하는 일이 중요하다. 명함 추첨 이벤트를 실시하고 포인트 카드를 발급하는 등 손님의 데이터를 수집하고자 많은 노력을 기울여야 하고, 수집한 내용은 POS 고객 관리 기능을 활용하여 직접 입력해두어야 필요할 때마다 쓸 수 있다.

엔젤투자사로부터 최초로 투자를 받은 외식브랜드 '날봉이치킨'의 양종훈 대표는 고객 정보와 구매 기록을 POS에 입력하여 이렇게 활용하고 있다. 손님이 치킨을 주문할 때마다 자석으로 된 쿠폰을 제공하는데, 쿠폰 10상이 모이면 서비스로 후라이드 치킨 한 마리를 제공하고, VIP 고객으로 등록시킨다. VIP 고객이 되면 주문할 때마다 큰 사이즈의 콜라 또는 작은 사이즈의 콜라와 쓰레기봉투를 제공하는 혜택을 준다. 이외에도 기간 조회 시 3개월 내에 재방문이 없는 손님들을 선별한 뒤, 금일 주문 시 서비스로 무언가를 제공하거나 가격 할인을 해준다는 내용의 문자를 보내고 있다. 이렇게 하면 당일 추가적인 매출을 올릴 수 있어 매출 향상에 꽤 도움이 된다는 후문이다. 실제로 3개월 동안 단 한 번 방문한 고객보다, 3개월 동안 두 번 이상 매장을 방문한 손님이 고정고객이 될 확률이 무려 일곱 배나 높다는 연구 결과도 있으니, 적극적으로 이러한 이벤트를 활용해보기 바란다.

지금까지 외식업의 빅데이터라고 할 수 있는 POS 데이터 활용법을 알아보았다. POS를 통해 매출을 조회하고 분석하는 것을 넘어, 현장에 응용하고 적용해야만 매출 향상이 가능하다는 점을 잊지 말기 바란다.

대기업에서는 POS 데이터를 기반으로
다양한 매출 증대 전략을 꾀하고 있는데,

작은 가게들은 어떠할까?

신뢰를
회복하는
LAST 법칙 /

십여 년 전, 내가 패밀리 레스토랑의 점장으로 근무하던 때의 이야기다. 하루는 음식값을 할인해주는 행사가 열려서 평소보다 손님이 몇 배는 더 몰렸고, 대기 시간은 평균 한 시간을 넘어설 정도였다. 그리고 그날 대형 사고가 발생했다.

밖에서 무려 두 시간을 기다리다 입장한 어느 가족 손님이 주문을 했는데, 담당 직원이 너무 바쁜 나머지 POS에 입력하는 것을 깜빡한 것이었다. 그것도 30분이 지나서야 발견했고, 손님들은 이미 화가 머리끝까지 나 있는 상태였다. 한마디로 최악의 상황이었다. 나는 그 손님의 음식이 최대한 빨리 나오도록 조치를 한 뒤 테이블로 갔다. 곧바로 무릎을 굽히고 눈을 맞추며 신속히 사과드렸다.

"실례합니다, 고객님. 저는 이 매장 책임자 현성운입니다. 저희 담당 직원이 주문을 받는 과정에서 실수가 있었다고 들었습니다. 밖에서 몇 시간이나 기다리셨는데, 얼마나 속상하고 화나셨겠어요."

그러자 손님의 불만이 봇물 터지듯 쏟아졌다. 나는 하나하나 수첩에 받아 적으며 경청했다. "제가 고객님이라도 얼마나 화나고 속상했을 지, 아무리 생각해봐도 너무 죄송해서 드릴 말씀이 없습니다"라고 말 하며, 그만 바닥에 주저앉아 펑펑 울어버렸다. 진심으로 그 손님에게 죄송한 마음이 들었고, 일이 이렇게 될 때까지 책임자인 나는 무얼 한 걸까 하는 자책감 때문이었다.

다행히 내 진심이 전해졌는지, 마지막에는 오히려 손님이 사과를 하 며 나를 위로하기 시작했다.
"생각할수록 화가 나긴 하지만, 매장이 이렇게 바쁘니 이번엔 그냥 넘어갈게요. 점장님이 무슨 잘못이세요. 얼른 일어나세요."
돌이켜보면 점장씩이나 되어서 손님 앞에서 눈물을 쏟았다는 사실 이 부끄럽기도 하다. 어쨌든 이후로 나는 손님이 마지막까지 만족스러 운 식사를 하실 수 있도록 담당자에게 밀착 서비스를 부탁했다. 혹시 나 내가 테이블에 자주 가면 손님과 담당자 모두 불편해질까 봐 멀리 서 눈으로만 체크했다. 드디어 손님이 식사를 마치고 나왔고, 나는 직 접 손님을 응대했다.

당연히 이날 손님이 주문한 음식값은 받지 않았다. 오늘의 실수를 만회할 수 있는 기회를 달라며 식사권도 챙겨드렸다. 큰 실수를 했음에도 불구하고 너그럽게 이해해주셔서 감사하다는 인사도 잊지 않았다. 그리고 그 손님은 우리 매장의 단골이 되었다.

손님의 불만을 잠재우는 상황별 실전 매뉴얼 /

다시 생각해봐도 아찔한 경험이었지만, 이 사건을 통해 나는 '서비스 회복Service Recovery' 과정을 몸소 체험할 수 있었다. 서비스 회복이란 무엇일까? 서비스를 제공하는 기업이 고객과 접촉하는 현장에서 실수나 잘못을 저지른 후, 잃어버린 고객의 신뢰를 되찾고 더 나아가 감동적인 서비스 상황으로 전환시키는 작업을 뜻한다. 다시 말해 '고객 이탈'의 최소화를 위한 최후의 노력이라고 할 수 있다.

대부분의 사장과 직원들 모두는 늘 손님을 만족시키고자 노력하지만, 예기치 않은 상황에서 실수가 발생하기 마련이다. 아무래도 사람이 하는 일이니 100퍼센트 완벽하게 품질을 관리하기가 어렵다. 서비스 실패는 아무리 주의를 기울여도 발생할 수밖에 없다.

따라서 서비스 실패가 일어날 경우 이를 필연으로 받아들이고, 빠르게 해결하는 방법을 구축하는 편이 더 낫다. 서비스 실패를 다른 말로 하면 '고객 불만'이다. 연구에 따르면 불만을 느낀 고객 중 단 4퍼센트만이 불만을 표출한다고 한다. 이때 문제를 해결하지 않는다면 재구매율(재방문율)이 18퍼센트에 그치지만, 문제를 즉시 해결한다면 재구매율이 95퍼센트까지 높아진다.

반면, 불만을 표출하지 않는 96퍼센트의 고객은 어떨까? 이런 고객들의 재구매율은 단 9퍼센트에 그친다. 이를 통해 알 수 있는 점은 손님이 불만을 표현한다는 건 우리 가게에 그만큼 관심과 애정이 있다는 것이다. 게다가 그들은 내부 구성원들이 미처 발견하지 못한 가게의 문제점을 알려주고, 개선할 수 있도록 도와준다. 손님의 불만을 즉시 해결해준다면, 가게는 그들을 충성고객으로 만들 수 있다.

다시 말하지만, 서비스는 100퍼센트 통제가 불가능하다. 그렇기 때문에 실패를 해결하기 위한 방법 및 매뉴얼을 미리미리 구축하고 훈련해두어야 한다. 매뉴얼이 갖춰져 있다면 어려운 문제도 쉽게 해결할 수 있고, 손님의 기분을 상하지 않게 만들 수 있다.

불만 고객을 응대하는 방법 중 하나가 'LAST 법칙'이다. 'L'은 Listen의 약자로 경청하라는 뜻이고 'A'는 Apologize의 약자로 사과하라, 'S'는 Solve the problem의 약자로 문제를 해결하라, 'T'는

Thank the Guest의 약자로 고객에게 감사하라는 의미가 담겨 있다. 지금부터 상황별 사례를 통해 LAST 법칙을 활용한 단계별 대응 매뉴얼을 살펴보도록 하자.

"포장해간 음식에서 머리카락이 나왔어요."

포장 서비스를 하는 가게의 경우, 이런 상황이 종종 발생할 수 있다. 일단 손님의 불만이 접수되면 무조건 그들의 말을 경청한 뒤 정중히 사과해야 한다. 그다음으로 손님의 구매 정보를 확인하고, 이후의 조치 사항에 대해 자세히 안내한다.

이때 주의해야 할 점이 있다. 여러 매장을 돌며 상품을 구매한 뒤 고의로 민원을 제기해 과도한 보상금을 요구하는, 이른바 블랙컨슈머 Black Consumer도 많기 때문이다. 일단 손님에게 구입한 메뉴와 구입 일자를 묻고, 실제 손님인지 확인해본다.

"고객님, 음식에서 발생해서는 안 되는 문제인데 놀라게 해드려 죄송합니다. 주방 위생 관리는 각별히 신경 쓰고 있는데도 이런 일이 발생하여 진심으로 사과 말씀 드립니다. 식사도 못하시고 많이 놀라셨을 텐데, 환불해드리거나 메뉴를 새로 조리해드리는 것 중 원하시는 방법대로 조치해드리겠습니다. 다시는 이런 문제가 발생하지 않도록 원인

문제를 해결하지 않는다면
재구매율이 18퍼센트에 그치지만,

문제를 즉시 해결한다면
재구매율이 95퍼센트까지 높아진다.

을 파악하겠습니다. 고객님, 혹시 구입하신 메뉴와 구입 일자를 기억하십니까?"

그러고 난 후 주문한 메뉴를 가지고 가게에 방문해줄 것을 정중히 권유한다. 이때 매장을 방문한 손님에게는 환불을 해드리고, 동일한 메뉴를 무료로 제공하는 편이 좋다. 만일 새 음식을 원하시 않는 경우를 대비해 작은 선물을 미리 마련해두는 것도 좋은 방법이다.

"찾아뵙고 사과 말씀을 드리는 게 마땅하나, 죄송하게도 저희 매장이 소규모로 운영되다 보니 직접 방문이 어려운 점 양해 부탁드립니다. 혹시 고객님이 편하신 시간에 주문했던 메뉴를 가지고 가게에 들러주실 수 있으실까요?"

만일 손님이 가게 방문을 거절한다면, 다음과 같은 방법으로 문제를 해결할 수 있다.

"고객님, 오늘 드시지 못한 음식의 금액은 계좌로 환불해드리겠습니다. 식사에 방해가 된 점 대단히 죄송합니다. 추후에는 문제가 발생하지 않도록 다시 한 번 철저히 점검하겠습니다. 고객님 계좌번호 알려주시겠습니까?"

"손님의 옷에 실수로 음료를 쏟았어요."

물론 이번에도 가장 먼저 해야 할 일은 즉시 사과다. 이후 봉투에 넣어 별도로 준비한 세탁비를 건네며 다시 한 번 사과의 뜻을 전한다.

"고객님, 죄송한 마음에 준비했습니다. 약소하지만 세탁비로 사용해주십시오."

이후 손님이 마지막까지 기분 좋게 식사할 수 있도록 전반적인 식사 과정을 살핀다. 음식이 제때 제공되었는지 확인하고, 식사 도중에 불편한 점이 있는지를 수시로 점검해야 한다. 이때 손님이 부담을 느끼지 않는 선에서 각별히 신경 쓰고 있다는 느낌을 전달하는 것이 핵심이다.

"고객님, 식사는 입맛에 맞으십니까? 필요한 것이 있으시면 언제든지 말씀해주시고 즐거운 시간 보내십시오."

식사를 마치고 돌아가는 손님에게 다시 한 번 진심으로 감사와 사과의 말을 전하고 재발 방지를 약속한다.

"오늘 저희가 큰 실수를 했는데도 너그럽게 이해해주셔서 감사합니다. 다음에는 이런 실수를 하지 않도록 주의하겠습니다. 다음에 또 뵙겠습니다. 조심히 돌아가십시오."

"음식을 포장해간 손님이 식중독에 걸렸대요."

이런 경우에는 사과는 물론이고 손님의 건강 상태를 염려하고, 현재 상황을 정확히 파악하는 게 최우선이다.

"고객님, 저희 음식을 드시고 편찮으셨다는 말씀이시죠? 무엇보다 고객님의 건강이 가장 중요한데 피해를 끼쳐 진심으로 죄송합니다."

그다음으로는 손님에게 구매 정보를 확인한 뒤, 주방 위생을 점검하고 재발 방지를 위해 노력할 것을 전한다. 특히 식중독은 짧으면 6시간 이내, 길면 하루에서 일주일 정도 잠복기를 거쳐 집단으로 발병한다. 이러한 점을 유의하고, 손님의 전화에 친절하고 자세하게 응대해야 한다.

"죄송합니다, 고객님. 먼저 원인 파악을 위해 구입 메뉴와 주문하신 시간을 여쭤보겠습니다. (POS의 주문 내역을 확인하며) 구입했던 메뉴가 만두고요, 구입하셨던 시간 확인이 가능하십니까?"

"오늘 고객님 외에도 만두를 주문하신 고객님이 열 분 이상 되시는데, 아직 다른 분들에게 이상이 있다는 연락을 받지 못했습니다. 그전에 혹시 저희 주방 위생이나 식자재 관리에 소홀함이 있었는지 반드시 점검하고 교육하겠습니다."

그다음 손님에게 병원 진료를 먼저 받은 뒤, 다시 연락해줄 것을 요청한다.

"고객님의 건강이 최우선이니 병원에 다녀오신 뒤에 저희에게 다시 한 번 연락을 주시겠습니까?"

만일 손님이 치료비를 문의하거나 요구하는 경우에는 다음과 같이 응대한다.

"병원 진료에 관한 비용이라 말씀드리기 죄송합니다만, 부득이하게 절차를 안내해드립니다. 저희 가게의 음식으로 인한 발병을 확인할 수 있는 진단서와 치료비 영수증, 교통비 영수증을 첨부해주시면 이에 관한 모든 비용을 지급해드립니다. 진단서 및 관련 서류를 준비해야 하는 점에 대해 양해 부탁드리겠습니다. 치료 잘 받으시고 연락 주시면 감사하겠습니다."

음식을 먹은 직후가 아닌 며칠이 지나 식중독이 발생했다면, 원인을 정확하게 파악하기가 쉽지 않다. 그렇다 하더라도 가게에 미칠 영향을 생각해 무작정 책임을 회피해서는 안 된다. 가게를 찾아준 손님에 대한 감사와 도의적 책임을 느끼고, 일정 금액이라도 보상하는 편이 좋다. 이것이 가게에 대한 손님의 신뢰를 회복하는 길이다.

팔고 싶은 메뉴를
팔게 하는
추천 판매법 /

'Order Taker'란 직역하면 '주문을 받는 사람'이고, 'Sales Person'이란 '파는 사람'을 뜻한다. 이 둘의 차이점은 뭘까? Order Taker는 수동적으로 손님의 주문을 받아 적고 그대로 실행할 뿐이다. 반면 Sales Person은 판매에 전략을 가지고 손님을 리드한다. 그렇다면 사장의 입장에서 둘 중 어떤 유형의 직원을 뽑아야 할까? 당연히 Sales Person이다.

하지만 안타깝게도 대부분의 음식점 직원들은 Order Taker에 머물러 있다. 자신 있게 메뉴도 추천하고 설명도 해야 하는데, 손님에게 거절당할까 봐 두렵기도 하고, 추천 판매법Suggestive Selling을 잘 모르기 때문이다.

추천 판매법이란 무엇일까? 일전에 내가 센트럴시티에 있는 B브랜드 음식점에 방문했을 때였다. 자리에 앉자마자 직원이 이렇게 말했다.

"만두 하나, 칼국수 하나, 쫄면 하나 드릴까요?"

직원이 자신감 있게 메뉴를 추천하는 모습에 나 역시 망설임 없이 "네"라고 대답했다. 계획보다 많은 돈을 지출했지만, 충분히 만족스러운 식사였다.

이처럼 추천 판매란 '손님이 좋아할 만한 것을 선택할 수 있도록 돕는 것'을 의미한다. 직원이 손님에게 메뉴를 추천하면 주문 받는 시간이 단축되고, 매출이 향상된다. 그렇다면 어떻게 해야 추천 판매를 잘할 수 있을까?

1. 메뉴 지식을 갖춘다

손님에게 메뉴를 추천하려면 그에 대한 충분한 지식을 갖추고 있어야 한다. 실례로 죽 브랜드의 손님들은 가맹점의 점주와 직원들을 마치 의사처럼 의지하고 다양한 질문을 던진다.

"속이 더부룩하고 소화가 잘 안 되는데 어떤 죽이 좋을까요?"
"제가 감기몸살에 걸렸는데 어떤 죽이 좋을까요?"

이처럼 손님 각각의 상황에 맞는 적절한 메뉴를 추천해주려면 직원들이 반드시 메뉴 지식을 숙지하고 있어야 한다.

- 판매 메뉴의 이름과 가격
- 각 메뉴의 주재료, 원산지, 특장점
- 각 메뉴에 추가할 수 있는 아이템과 가격
- 고객에게 이익이 되는 메뉴 선택법

직원 교육을 진행할 때에는 위의 항목을 정확하게 숙지했는지 테스트를 통해 확인해봐야 한다. 단순히 몇 천 원의 추가 매출을 올리겠다는 생각이 아니라, 주문한 음식에 토핑을 올려 먹으면 더 맛있다는 추가 메뉴 정보도 꼼꼼히 챙겨야 한다.

2. 손님에게 질문한다

메뉴에 대한 지식을 익혔다면, 손님이 무엇을 선호하는지 알아보기 위해 적극적으로 질문해봐도 좋다.

"고객님, 많이 시장하세요? 푸짐한 메뉴로 추천해드릴까요?"
"혹시 매콤한 것도 좋아하시나요?"
"해산물이랑 육류 중에 어떤 걸 더 좋아하세요?"

이처럼 카테고리를 분류한 뒤 선택의 폭을 좁혀나가는 질문을 주고받다 보면 손님에게 보다 알맞은 메뉴를 골라 추천해줄 수 있다.

품 들이지 않아도
저절로 홍보가 되는
SNS 마케팅 /

약속을 잡고 친구와 맛있는 것을 먹기로 했다. 이런 상황에서 20~30대들은 어떤 경로로 음식점을 검색하고 결정할까? 요즘 대부분의 젊은 사람들은 인스타그램이나 블로그, 페이스북, 카카오스토리를 통해 검색을 한다. 얼마나 많은 건수가 등록되었는지, 음식의 비주얼이 어떠한지, 매장의 상태는 어떠한지 등을 면밀히 확인한 후 마음에 드는 가게에 가서 식사를 한다는 뜻이다. 후기도 꼼꼼히 확인한다. 어떤 메뉴를 시켜야 하는지, 어떻게 먹어야 맛있는지까지 체크하고 그대로 따라서 주문한다.

그래서 많은 가게 사장들이 SNS 마케팅에 돈을 투자하고 있다. SNS에서 입소문만 나면 동네 상권인 우리 가게가 전국구 맛집이 될 수도 있기 때문이다. 손님이 멀리서도 찾아올 수 있게 만들기 때문에 상권의 한계까지 극복할 수 있는 셈이다.

그렇다면 어떻게 해야 SNS 마케팅을 효과적으로 할 수 있을까? 전문 업체에 의뢰해 돈을 내고 마케팅을 맡겨야 효과가 날 것이라고 생각되겠지만, 사실은 그렇지 않은 경우가 훨씬 많다. 비용을 들이기보다는 가게의 노력만으로 SNS 마케팅에 성공한 사례가 더 많다.

손님을
우리 가게의
홍보 요원으로 만드는 법 /

방법은 간단하다. 사장이 아닌, 고객이 직접 우리 가게를 홍보하게 만들면 된다. 쉽게 말해 우리의 내부자로 만드는 것이다. 구체적인 방법은 다음과 같다.

1. 비주얼을 통해 손님의 감탄을 자아내라

최근 국내에도 지점이 생기며 큰 인기를 모으고 있는 버거 전문점 쉐이크쉑Shake Shack은 SNS 마케팅을 잘 활용해 성공을 거둔 것으로 유명하다. 페이스북이 탄생한 2004년에 문을 연 쉐이크쉑의 CEO 랜디 가루티Randy Garutti의 인터뷰 내용을 보면, 음식의 비주얼과 SNS 마케팅이 얼마나 큰 연관성이 있으며 또 얼마나 중요한지를 이해할 수 있다.

"쉐이크쉑이 처음 문을 연 2004년은 페이스북이 등장한 해입니다. 저희는 SNS와 같은 시대에 탄생하여 함께 성장하고 있습니다. 사람들은 저녁을 먹고 사진을 찍어 SNS에 올립니다. 전 세계 모든 사람이 당신이 저녁에 무엇을 먹었는지 알게 되는 셈입니다. 이게 무슨 뜻일까요? 이제 음식을 먹을 때마다 좋은 선택을 해야 한다는 무언의 압박을 스스로에게 가하고 있다는 것입니다. 싸고 맛없고 형편없어 보이는 음식점에서 밥을 먹고 SNS에 올리지는 않을 테니까요. 자기 자신을 자랑스럽게 표현해줄 수 있는 브랜드가 결국 승리하는 것입니다."

"저희는 유명인을 매장으로 불러 SNS에 올려달라고 요청한 적이 없습니다. 손님은 자발적으로 와서 자발적으로 SNS에 자랑합니다. 저희는 광고도 하지 않습니다. 대신 사람들의 마음을 잡아둘 수 있는 것에 돈을 씁니다. 대표적인 것이 아이스크림입니다. 저희는 이 음식을 '프로즌 커스터드'라고 부릅니다. 아이스크림보다 버터와 계란이 조금 더 많이 들어가서 식감이 훨씬 풍부하고 부드럽습니다. 토핑도 자주 바꿉니다. 평범하게 보이는 아이스크림이 아니기 때문에 사람들은 이를 먹고 SNS에 올리는 것이지요."

2. 조명에 신경 써라

만약 음식 비주얼에 힘을 줄 자신이 없다면 조명에라도 신경을 써야 한다. 사진발이 잘 받는 데에 조명이 중요하듯이, 음식이 먹음직스러워 보이는 데에도 조명이 결정적 역할을 하기 때문이다. 이랑주 저자의 책 『좋아 보이는 것들의 비밀』에 따르면, 사람들이 편안함을 느끼는 색 온도는 2500~3000K(Kelvin)라고 한다. 음식점의 경우도 2500~3000K의 조명이 음식을 더욱 돋보이게 해준다. 여기에 더해 가장 맛있어 보이는 조명 높이는 76cm라고 한다. 이 경우 음식이 더 맛있어 보이는 것뿐만 아니라 사람들이 자연스럽게 조명 아래로 몸을 기울이게 되어 함께 식사하는 사람과 더 친밀감을 느낄 수 있다. 실제로 많은 트렌디한 음식점들이 이러한 조명의 공식을 잘 따르고 있다.

3. 특정 해시태그를 공략하라

'백조튜브'에 대해 알고 있는가? 아무리 무거워도 싸 들고 간다는 신혼여행 필수 물놀이 튜브인데, 이 아이템은 해시태그 마케팅을 통해 트렌드가 된 대표적인 상품이다. 그리고 음식점 역시 해시태그만 잘 이용한다면 가게 홍보에 큰 도움을 받을 수 있다.

해시태그란 특정 단어 앞에 '#'을 붙인 것을 의미하는데, 이렇게 게시물을 올리면 단어를 검색할 때 연관된 글이나 사진들을 한 번에 볼 수 있다. 손님의 입장에서는 검색이 용이하고, 요즘 유행의 흐름이나 맛집 등을 한눈에 볼 수 있다는 장점이 있다.

그렇다면 사장의 입장에서는 어떨까? 우리 메뉴에 대해 소비자들이 어떻게 생각하는지를 파악할 수 있고, 경쟁사가 어떤 전략을 펼치고 있는지, 그에 따라 우리 가게가 어떻게 대처해야 하는지에 대해 힌트를 얻을 수 있다. 한마디로 '타겟 마케팅'이 가능해지는 셈이다. 우리 가게가 강남에 있는 떡볶이집이라면 '#강남맛집' '#강남떡볶이' '#먹스타그램' 등의 해시태그를 장악해야 마케팅 효과를 온전히 누릴 수 있는 것이다. 만약 더 적극적으로 해시태그 마케팅을 펼치고 싶다면 아예 문구를 지정하여 테이블 옆에 안내하고, 그대로 올려준 손님에게 음료 한 잔을 무료로 주는 등의 대가를 제공해도 좋다.

손님의 마음을
정확히
들여다보려면 /

가게를 방문하는 손님 수가 줄어들면, 사장들은 대부분 이런 생각부터 한다.

'아이고, 장사가 안 돼서 큰일이네. 나가서 전단지라도 돌려봐야 하나?'

그런데 이런 생각보다 선행되어야 할 것이 있다. '과연 우리 가게 한 번 온 손님이 다시 오고 싶어 하는가'를 손님의 입장에서 고민하는 일이다.

'QSC'라는 말이 있다. Quality(품질), Service(서비스), Cleanliness(청결)의 약자로, QSC가 형편없다면 전단지를 돌려봤자 사정이 나아지지 않는다. 아니, 오히려 기대를 품고 온 손님에게 마이너스 경험을 선사하게 될 것이며, 주변 지인들에게까지 부정적인 입소문이 퍼져 가게의 신뢰도를 떨어뜨릴 수 있다. 결국 손님 수를 늘리려는 시도가 고정 손님과 매출이 줄어들게 하는 부메랑으로써 돌아오게 될 것이다.

Quality(품질)	
목표	**좋은 재료와 철저한 레시피 준수로 한결같은 최고의 맛을 낸다**
메뉴 품질 평가	맛(간) 일관성(레시피 준수) 온도(뜨거운 것은 뜨겁게, 차가운 것은 차갑게) 향(음식의 냄새) 메뉴의 겉보기 신선도 제공 속도
Service(서비스)	
목표	**말과 미소와 행동으로 손님을 기쁘게 한다**
서비스 평가	바른 복장 미소 인사 배려 음식 제공 순서 만족도 체크
Cleanliness(청결)	
목표	**매장 전체(주방·홀·화장실·주차장 등)를 깨끗하게 관리해 상쾌한 공간을 제공한다**
위생 청결 평가	전 직원 복장준수 손 씻기 생활화 위생적인 조리환경 원산지 및 유통기한 준수 건강진단결과서 매년 갱신 주변 정리정돈 바닥 건조상태 냉장 · 냉동고 온도 홀 환기상태 식기류 청결도

〈QSC 점검표〉

손님에게
직접 답을 들어라 /

VOC(Voice Of Customer)라는 제도가 있다. 고객의 소리에 귀 기울여 그들의 욕구를 파악하고, 이를 가게 운영에 적극 반영하는 제도를 말한다.

VOC 제도의 1차적 목적은 고객 만족이다. 그리고 고객의 소리를 듣기 위해 기업이 가장 많이 활용하는 방법은 '고객 설문'이다. 고객 설문을 실시하면 매장과 서비스에 대한 고객의 솔직한 의견을 들을 수 있고, 이를 가게 운영 전반에 반영할 수 있다.

무엇보다도 의견 외에도 고객 정보를 함께 수집하고 마케팅할 수 있기 때문에, 대표적인 외식기업인 스타벅스나 자연별곡, 본죽 등에서 적극적으로 고객 설문을 실시하고 있다.

일례로 스타벅스의 고객 설문 방법은 다음과 같다. 음료 쿠폰에 당첨된 손님이 설문에 참여하면 무료로 음료 한 잔을 제공하는 방식이다. 당첨된 손님만 설문에 참여할 수 있으니, 오히려 더 자발적으로 참여하고 설문에 끝까지 응답하는 비율이 높은 편이다. 설문 소요 시간은 3분 이내이고, 스마트폰이나 컴퓨터로 쉽게 참여할 수 있다.

그런데 작은 음식점에서는 대대적인 스타벅스의 고객 설문 방식을 따라 하기 어려울 것이다. 다른 좋은 방법은 없는 걸까?

재미있는 질문으로
참여율을 높여라 /

　　　　　　본죽의 어느 가맹점은 33제곱미터(약 10평) 규모
의 작은 매장이다. 프랜차이즈 지점이지만 이곳의 사장은 고객 설문의
필요성을 느껴 자체적으로 이를 실시하고 있다.

　고객 설문지는 A4용지의 1/4 크기인데, 앞면에는 설문 참여 시 죽
을 반값에 제공한다는 이벤트 내용과 함께 이름, 전화번호, 방문일 같
은 고객 정보를 기록하는 빈칸이 있다. 뒷면에는 매장 이용 횟수, 이용
동기, 주문 메뉴, 서비스 평가, 매장에 바라는 점 등을 재미있는 질문으
로 작성해두어 참여율을 높였다.
　직원들은 손님들에게 주문을 받은 다음, 음식을 기다리는 동안 설문
에 참여할 것을 권유한다. 이곳의 사장은 고객 설문 결과를 매장 운영
에 적극적으로 활용하는 편이다.

　예컨대 특정 메뉴가 맛이 없다는 의견이 접수되면, 그날은 직원들과
함께 해당 메뉴를 만들어본다. 조리법대로 음식을 만들었을 때와 그렇
지 않았을 때의 맛 차이를 비교해보고, 직원들이 직접 깨닫게 한다.
　또한 칭찬이나 불만 등의 의견이 접수되면 그 내용을 전 직원에게
공유해 똑같은 실수가 반복되지 않도록 서비스 품질을 관리하고 있다.

1. 저희 본죽 ○○지점을 얼마나 자주 이용하시나요?
①죽도록 ②요즘 뜸했어 ③아플 때마다 ④밥하기 싫을 때 ⑤오늘 첨인데

2. 저희 본죽 ○○지점을 어떻게 이용하게 되었나요?
①114 바로연결 ②지나가다 봤어 ③광고 보고 왔는데
④죽집 여기 말고 또 있나? ⑤누가 여기 맛있냐고 그러던데

3. 오늘 드신 메뉴에 대해 평가해주세요. (주문 메뉴:)
①완전 작살나게 맛있네 ②술술 잘 넘어가네 ③뭐 나만큼 끓이네
④내 입맛이 없긴 없나 죽 맛이 영~ ⑤발로 끓였나?

4. 본죽 ○○지점 직원들의 서비스에 대해 평가해주세요.
①오늘 내가 왕이여 ②응, 고것 참 씩씩하게 잘해주시네
③얘는 꿀 먹은 벙어리네 ④죽집이라서 얼굴이 죽상인가? ⑤이래서 다시 오겠어?
(친절 사원:)

5. 저희 본죽 ○○지점에 쓴소리나 바라는 점 혹은 칭찬을 해주세요.
....
....
....

내가 생각하는 최고의 죽:

내가 생각하는 최악의 죽:

손님의 의견을 통해
매장의 콘셉트를 잡아라 /

고객 설문 결과는 매장 운영상의 문제점을 발견하고 개선하는 일에도 도움이 되지만, 매장의 방향성을 찾는 데에도 도움이 된다. 민쿡다시마의 민강현 대표는 식당을 운영하면서 우리 식당이 일식 요리집인지, 일식 전문 밥집인지 브랜드 콘셉트에 관해 고민이 많았다고 한다.

이에 대한 답을 얻고자 손님 200명을 대상으로 설문을 실시했다. 설문 결과에 따르면, 이곳의 주요 손님층은 20대 여성 직장인이며, 설문에 응답한 손님 중 80퍼센트 이상이 식사를 목적으로 가게를 방문한 것으로 나타났다.

민 대표는 설문 결과에 따라 가게의 컨셉을 일식 요리집이 아닌 밥집으로 설정했고, 현재는 '일본 가정식 식당'으로 리포지셔닝Repositioning해 단골손님 확보에 많은 노력을 기울이고 있다.

"우리 가게가 일식 전문 밥집이라는 결론을 얻은 뒤, 고난도의 스킬이 요구되는 코스 요리를 과감히 줄이고 단품 위주로 메뉴를 구성했습니다. 그랬더니 조리법이 단순해졌습니다. 업무 동선도 줄어 서비스 속도도 빨라지더라고요. 전보다 적은 인원으로 충분히 매장을 운영할 수 있었습니다. 인건비가 줄자 순이익이 늘어나는 선순환이 일어났고, 최근에는 손님 수도 늘어나고 있습니다."

서비스 제1원칙인 고객만족의 해답은 결국 고객의 목소리에서 가장 정확하게 찾을 수 있다. 가게를 발견하고, 선택하고, 기꺼이 대가를 지불해주시는 손님들의 마음을 알고 싶다면, 설문을 적극적으로 활용해보기를 추천한다.

작은 가게일수록
시스템이
필요한 이유 /

운 좋게도 맛있는 식당을 소개하는 텔레비전 프로그램이나 블로그 등에 가게가 소개되면 일시적으로 매출이 오를 수는 있다. 하지만 그 이후에도 고정적인 매출을 확보하기 위해서는 탄탄한 시스템이 뒷받침되어 있어야 한다. 작은 가게일지라도 주먹구구식이 아닌, 체계적으로 일하는 방식이 필요하다는 뜻이다. 시스템이 갖춰져 있으면 어떤 상황에서도 시행착오를 줄여 시간과 비용을 절약할 수 있고, 설사 직원이 바뀌어도 늘 동일한 품질의 서비스를 제공할 수 있다.

시스템이 있으면
어떤 상황에도 대응할 수 있다 /

얼마 전 집 근처에 있는 쪽갈비집에 밥을 먹으러 간 적이 있었다. 토요일 오후 8시였는데, 황금 시간대임에도 불구하고 매장이 텅 비어 있었다. 본래 손님이 손님을 부른다고 하지 않던가? 그런데 텅 비어 있으니 선뜻 들어가기가 쉽지 않아 한참을 서서 고민했다. 결국 식당에 들어가 음식을 주문했는데, 맛을 본 뒤 깜짝 놀라고 말았다. 입지가 나쁜 것도 아니고, 게다가 음식 맛도 훌륭한데 왜 이렇게 손님이 없단 말인가. 계산을 마치고 난 뒤 사장님을 돕고 싶다는 마음에 몇 가지 해결책을 제안하고는 내 블로그에 자발적으로 포스팅을 했다.

그로부터 며칠 후 같은 골목에 있는 다른 쪽갈비 가게가 텔레비전에 맛집으로 소개되었다. 그 여파 때문인지 방송 당일 내 블로그 방문자가 6000명을 넘었고, 검색어 유입의 98퍼센트가 '쪽갈비'였다. 방송 후에도 한 달이 넘게 200명 넘는 사람들이 내 블로그에 방문했고, 엉뚱하게도 내가 간 가게가 갑작스러운 수혜를 입게 되었다.

정확히 한 달 뒤, 나는 그 매장을 다시 찾아가보기로 했다. 텅 비어 있던 매장에 어떤 변화가 생겼을지 궁금해서였다. 그때는 금요일 오후 8시였다. 전에는 파리만 날리던 매장이 손님들로 꽉 차 있었다. 손님을 어색해하던 사장님은 내가 자리에 앉자마자 용케도 얼굴을 알아보셨다. 내가 앉아 있는 자리까지 직접 찾아와 이전보다 매출이 30~40퍼센트가량 늘었다며 연신 고맙다는 인사를 했다.

나는 지난번과 똑같은 메뉴를 주문했다. 그런데 아무리 기다려도 음식이 나오지 않았다. 전에는 한 분이 모든 음식을 조리했는데, 갑자기 손님이 많아지면서 사장님까지 주방에서 일을 하고 있었다. 그럼에도 음식이 나오는 속도가 너무 더뎠다. 매장 안에 있던 손님들은 화를 냈고, 밖에서 기다리던 손님들은 발길을 돌렸다.

단순히 일손이 모자라서 벌어진 문제가 아니었다. 찾아오는 손님이 늘면 식재료 양은 물론이고 설거지할 시간까지 부족할 수 있다는 걸 예측하고 대비했어야 한다. 매출이 늘어난 만큼 철저한 시스템이 뒤따라야 하는데, 사장님은 갑자기 사람이 몰려서라고 말하며 손님 탓만 했다. 외식업은 '좌석을 파는 사업'이다. 언제, 몇 명이 와서, 얼마나 머물다 갈지 아무도 모르는 일이다. 그래서 손님이 머무는 동안 최대한 만족시키고, 좌석 회전율을 높일 수 있는 시스템을 미리미리 마련해두어야 한다.

시스템의 중심에는
늘 '손님'이 있어야 한다 /

우연한 기회로 매출이 오를 수는 있어도 시스템이 뒷받침되어 있지 않으면 그 매출은 일시적으로 스쳐가게 될 뿐이다. 기회를 놓치지 않고 꾸준히 성장하는 작은 가게들을 살펴보니, 모두 그 가게의 상황에 맞는 자신만의 시스템을 구축하고 있었다.

그중에서도 앞서 언급한 '2040 팬스테이크'라는 가게는 밖에서 장

시간 기다리는 손님들을 위해 대기 공간을 매장 앞에 별도로 마련해 두었다. 그리고 대기 명단에 손님이 직접 이름과 인원수를 적게 했다. 대기 명단에 손님이 직접 이름을 적는다면, 따로 이를 관리할 직원을 둘 필요가 없다. 대기 공간에 메뉴판을 비치하고 메뉴를 먼저 살펴보게 하는 것도 주문에 걸리는 시간을 줄이는 좋은 방법이다.

또한 이곳은 테이블 회전율을 높이기 위해 자리가 나는 즉시 다음 손님을 위해 포크와 나이프, 접시 등의 식기를 미리 세팅한다. 컵은 반대로 엎어두고, 종이봉투에 식기를 넣어두는 등 철저한 매뉴얼이 있기 때문에 직원들은 당황하지 않고 손님을 응대한다.

만약 사장이 혼자 운영하는 가게에 일손이 부족하다면 어떻게 해야할까? 천안에 있는 '낭만포차 히어로즈'는 1인 운영 시스템을 갖추고 있다. 평소 서비스 마인드가 투철한 오경수 사장은 손님들을 불편하게 하는 일을 예방하고자 음료 셀프 서빙 시스템을 도입하였다. 그래서 손님들은 먹고 싶은 음료를 직접 꺼내 먹고, 계산할 때에만 보여주면 된다.

우리 가게에 맞는 시스템을 구축하는 일은 그리 어렵지 않다. 다만 한 가지 사실만 유념하면 된다. '시스템의 중심에는 사람이 있다'는 것이다. 직원과 손님 모두가 편안하고 즐거운 방법, 이것이 바로 시스템이다. 그리고 이것이 작은 가게에도 시스템이 필요한 이유다.

우연한 기회로 매출이 오를 수는 있어도
시스템이 뒷받침되어 있지 않으면
그 매출은 일시적으로 스쳐가게 될 뿐이다.

4장.

장사는
좌석을 파는
사업이다

/

대접받는 기분을
느끼게 하는
공간의 마법

편안함을
느끼는 공간에는
과학이
숨어 있다 /

나에게 서비스 교육을 의뢰한 고깃집이 있어 방문한 적이 있었다. 66제곱미터(약 20평) 남짓한 작은 식당이었다. 문을 연 지 얼마 안 되어서 그런지 전반적으로 내부가 깔끔했고, 편하게 식사하기에 분위기도 나쁘지 않았다. 나는 이곳을 방문한 손님의 마음을 직접 느껴보기 위해, 직원들에게 나를 손님처럼 응대해줄 것을 요구했다. 그리고 안내에 따라 자리에 앉아보았다. 그런데 앉은 그 순간부터 몇 가지 문제점이 눈에 들어왔다.

먼저 부스(벽면에 부착된 소파형 의자)와 테이블 간의 간격이 너무 멀었다. 한 가지 고백하자면, 나는 키가 작은 편이다. 물론 다리도 짧다. 그래서 자리에 앉자마자 이런 생각이 들었다.

'등받이에 편히 기대어 밥을 먹기는 틀렸구나.'

부스 끝에 겨우 걸터앉아서 테이블을 앞으로 당겨보았다. 그런데 그마저도 어려웠다. 테이블마다 설치된 덕트(환풍시설) 때문에 위치를 옮길 수 없었다. 그리고 문제는 여기서 끝나지 않았다.

곧이어 주문한 음식이 나왔는데, 접시를 놓기에 테이블이 비좁아서 식사를 하기가 불편했다. 2인분만 주문했음에도 각종 밑반찬들이 더해져 차려진 음식들을 올려놓기에 공간이 부족했다. 가게를 오픈하기 전부터 제공하려는 메뉴의 수와 그릇의 크기까지 모두 고려해 테이블 크기를 결정해야 했는데 그러지 못했던 것이었다. 한 가지 더해서 설명하자면, 테이블 크기를 결정할 때는 평균적으로 방문하는 손님의 수를 고려해 2인용, 4인용, 단체석 테이블을 마련해야 한다. 좌석의 회전율만큼이나 중요한 것이 '점유율'이기 때문이다.

테이블 크기, 어떻게 설계할까? ╱

예를 들어 4인용 테이블에 두 사람이 앉으면 좌석 점유율이 50퍼센트밖에 안 되지만, 2인용 테이블에 두 사람이 앉으면 100퍼센트가 된다. 앞서 소개한 '2046 팬스테이크'라는 가게는 주 고객이 커플로 구성되어 있다. 평균 고객 수가 두 사람이기 때문에 테이블은 전부 2인용으로 마련되어 있다. 또한 이곳은 주물 팬의 크기가 보통의 접시보다 크다는 점을 미리 고려해, 일반적인 2인용 테이블보다 길이를 더 길게 제작했다. 팁을 주자면 66제곱미터(약 20평) 미만 소규모 음식점의 경우, 2인용 정방형 테이블은 길이 600밀리미터에 폭 500밀리미터, 4인용 정방형 테이블은 길이 600밀리미터에 폭 900밀리미터가 음식을 놓기에 가장 적당하다. 주점의 경우는 조금 더 커져야 하는데, 대략 길이 650밀리미터에 폭 1150밀리미터 정도로 생각하면 좋다.

한정된 공간 안에서 더 많은 매출을 올리려면 테이블 간격을 줄이고 고객을 더 많이 받으면 된다. 하지만 테이블과 테이블 사이의 간격이 너무 좁으면 여러 가지 문제가 발생한다. 자리가 지나치게 가깝다 보니 손님들 간의 불편함이 발생한다. 게다가 직원들이 음식을 서빙할 공간도 부족해진다. 손님들 간의 불편은 파티션을 설치해 해소할 수 있지만, 직원들이나 무빙카트가 지나다닐 수 없을 정도로 통로가 좁다면 이는 마땅히 해결할 방법이 없다.

주차 공간이 부족한 입지라면 /

외식을 할 때 사람들은 대부분 차로 움직이며, 주차장이 마련되어 있는 가게를 선호한다. 이왕이면 주차에 익숙지 않은 손님들까지 고려하여 넓은 주차 공간에 발레파킹 요원까지 있다면 금상첨화겠지만, 장사를 하는 입장에서는 그렇게까지 공간을 마련하기가 쉽지 않다. 작은 음식점에서 넓은 주차장을 갖기란 어려우며, 그나마 도로변에 주차가 가능해도 다행이기 때문이다.

음식점 창업을 고민하는 사람들에게 내가 가장 추천하는 가게의 위치는 매장이 대로변에 있으며, 주차장을 갖춘 곳이다. 가게가 대로변에서 한 블록 뒤에 있어도 주차장만 잘 갖춰져 있다면 손님은 알아서 찾아온다.

주차장의 유무에 따라 영업력에 차이가 발생하기 때문에 음식점 창업 시에는 어떻게 해서든 반드시 주차 공간을 마련하라는 조언을 한다. 그런데 여기서 한 가지 더 고려해야 할 것은 만일 주차장이 있다고 하더라도 공간이 협소한 경우에는 또 다른 문제가 발생할 수 있다는 점이다. 오히려 주차장이 없는 것만도 못할 때가 있다.

음식점을 경영할 때 사장들의 큰 고민 중 하나가 주차장이 협소한 경우다. 이럴 땐 어떻게 대처해야 할까? 강남에 있는 어떤 한식 전문점에서는 기발한 방법으로 이를 해결하고 있다. 이곳은 대로변에서 한 블록 뒤에 위치해 있고, 건물 3층에 입점한 곳이다. 건물 안에 지하 주차장이 있으나 공간이 협소해 늘 차가 가득차기 일쑤였다. 차를 몰고 간 손님이 주차할 곳이 없을 때, 그 가게의 주차요원은 이렇게 말한다.

"다른 곳에 주차하시면 주차비 2000원을 지원해드립니다."

　주차장이 꽉 차 다른 곳에 주차한 손님들에게 현금 2000원을 제공하고 있었다. 아마도 손님에게 죄송한 마음을 표현하기 위한 방법이었을 것이다. 주위에 있는 공영 주차장은 한 시간에 주차비가 5000원이었지만, 대부분의 손님들이 이러한 가게의 서비스 정책에 크게 불만을 제기하지 않는다고 한다. 아마도 어떤 방법을 써서든 손님을 배려하겠다는 가게의 진심이 느껴졌기 때문일 것이다.

좌석의 회전율만큼이나 중요한 것이
'점유율'이다.

잘되는 가게는
화장실부터
남다르다 /

당신이 식당에서 밥을 먹다가 화장실에 들어갔다. 문 건너편 안쪽으로 좌변기 옆에 세면대가 있는 구조다. 볼일을 보고 있는데 누군가 급하게 문을 두드린다. 이때 어떤 기분을 느끼겠는가?

당연히 불안할 것이다. 중간에 일어나 노크로 답을 할 수도 없으니 난감함을 느낄 것이다. 하지만 우리가 경험했듯 꽤나 많은 가게들이 이러한 화장실 구조를 갖추고 있다. 사장은 미처 헤아리지 못하는 사소한 불편함 때문에 손님들은 그 가게에 대한 안 좋은 기억을 안고 돌아갈 수도 있다.

건물 구조상 어쩔 수 없이 화장실을 바꾸지 못하는 경우에는 어떻게 대처해야 할까? 당연히 문을 잠그면 '사용 중'이라는 표시가 보이도록 버튼을 설치하거나, 안에 사람이 있음을 알리는 푯말을 마련해야 한다. 간혹 화장실 앞에 '문이 잠겨 있으면 사람이 안에 있으니 조금만 기다려주세요'라는 푯말을 걸어둔 가게를 보았을 것이다. 훌륭한 대처 사례는 아니나, 어떻게라도 손님을 배려하겠다는 가게의 마음이 담겨 있다고 볼 수 있다.

바쁜 가게일수록
화장실이 깨끗하다 /

'대박집'이란 무엇일까? 특별히 정의된 바는 없 지만 '손님이 길게 줄을 서서 기다리는 집' '늘 고객들의 입에 오르내 리는 집' 등으로 정리할 수 있다. 영업시간 내내 손님의 발길이 끊이지 않기 때문에 대박집들은 매장 관리에 몇 배 이상의 수고와 노력을 들 이고 있다. 화장실만 해도 자주자주 점검을 해야 하는데, 나는 대박집 의 화장실을 관찰하던 중 일관된 법칙을 발견할 수 있었다. 신기하게 도 장사 잘되는 가게들의 화장실은 마치 약속이라도 한 듯 공통점이 있었다.

첫째, 늘 여유분의 화장지를 비치한다

사실 화장실은 영업 시간 동안 30분에 한 번씩 점검하는 게 기본이 다. 하지만 매장이 너무 바쁘게 돌아가다 보면 그렇게 자주 점검하기 어렵다. 여러 가지 제약으로 화장실을 점검할 여유가 없는 대박집들은 칸마다 한두 개의 화장지 여유분을 세팅해두어 손님들이 곤란한 일을 겪지 않도록 대비하고 있었다. 덩달아 직원들의 일도 줄어든다는 장점이 있다.

둘째, 휴지통 사이즈가 크다

화장실을 이용하는 손님이 많다 보면 휴지통도 금세 차기 마련이다. 그런데 직원이 바쁜 탓에 휴지통을 비우는 타이밍을 놓치면 어떻게 될까? 당연히 손님들은 불편을 겪고, 가게가 위생적이지 못하다는 인상을 갖게 될 것이다. 신기하게도 잘되는 대박집들은 약속이나 한 듯 커다란 사이즈의 휴지통을 사용하고 있었다. 늘 화장실이 더러워져 고민인 사장님이라면 휴지통부터 바꿔보길 권한다.

셋째, 뚜껑 있는 휴지통을 사용한다

휴지통이 크면 비우는 횟수가 줄어든다. 여기에 뚜껑까지 있으면 금상첨화다. 위생적인 것은 기본이요, 뚜껑이 계속해서 쓰레기를 눌러주니 휴지통이 넘치는 것을 예방할 수 있다.

넷째, 휴지통 바닥에 무언가가 있다

음식점 화장실에 가보면 휴지통 바닥에 무언가가 깔려 있는 것을 본 적이 있을 것이다. 대개 부채나 단단한 받침을 깔아두는데, 여기엔 그만한 이유가 있다. 화장실 청소 고수들만 안다는 그 비법은 휴지통 바닥에 받침을 까는 것이다. 휴지통에 봉투를 씌운 경우, 누군가 발로 꽉 밟아주지 않는 이상 봉투가 들뜨고 휴지통이 금방 차게 된다. 하지만 단단한 받침대를 깔아두면 봉투가 들뜨지 않아 더 많은 양의 쓰레기를 채울 수 있다. 봉투를 씌우지 않는 경우에도 바닥에 무언가를 깔면 쓰레기가 바닥에 들러붙는 일이 없어 비우는 데 더욱 용이하다.

화장실 광고판이 효과적인 이유 /

사람이 가장 집중하는 시간은 언제일까? 물론 사람마다 차이는 있겠지만, 화장실에서 볼일을 보는 그 시간이 아닐까? 신기하게도 대박집 화장실들에는 손님이 좌변기에 앉았을 때, 혹은 소변기 앞에 섰을 때의 눈높이에 맞춰 무언가가 부착되어 있었다.

감성 카페 프랜차이즈 '별다방 미쓰리'는 손님이 친구나 연인과 함께 가게 안에서 찍은 인증샷을 카카오스토리나 페이스북에 올리면 1000원을 할인해주는 이벤트를 진행한다. 그리고 이에 관련된 안내 자료를 화장실에 부착해 손님의 관심을 유도하고 있다. '민쿡 다시마'는 인스타그램과 음식 사진에 초점을 맞춰 프로모션을 진행하는데, 손님에게 해시태그 지정을 요청해 매장 노출이 더욱 용이하게 하고 있으며, 심지어 손님이 찍은 사진을 민쿡에게 보내달라고 말하고 있다. 이를 통해 손님의 정보까지도 확보하겠다는 의도다.

　이외에도 잘되는 가게들은 화장실 안에 손님들에게 가장 중요하게 알려야 할 프로모션 정보나, 가게가 팔고 싶은 메뉴 등을 부착해 홍보 효과를 톡톡히 누리고 있다. 화장실에서조차 자신의 가게를 손님이 기억할 수 있도록 유도하고 있는 것이다.

　지금까지 잘되는 곳들의 남다른 화장실을 살펴보았다. 그들의 공통점은 자신에게 주어진 상황 안에서 고객이 불편해하지 않게 배려하고 있으며 실제 고객이 되어 그들의 경험을 관찰하고, 만족시키기 위한 서비스 디자인을 설계하고 있다. 우리 가게가 대박집이 아니어도 좋다. 사람이 없어 화장실 점검할 시간조차 부족하다면 혹은 그동안 매장 홍보조차 제대로 못했다면 위 방법 중 단 한 가지라도 적용해보는 것은 어떨까?

2인 손님을
2인용 테이블에
앉히는 방법 /

어느 고깃집의 맛에 매료되어 하루가 멀다 하고 방문할 때가 있었다. 친구며 선후배까지 줄줄이 데려가서 진짜 맛있는 집이라고 소개하곤 했는데, 인기가 점점 많아진 탓인지 언제부턴가 점점 손님 대기 줄이 길어져서 한 시간씩 기다리는 건 기본이었다. 그런데 그날은 유독 배가 고픈 날이었다. 여느 때와 같이 한 시간을 기다리다가 마침내 가게로 들어가는데, 내 얼굴이 유독 붉으락푸르락 했는지 직원이 내게 이렇게 말했다.

"손님 기다리시느라 많이 힘드셨죠? 9시 이후에 오시면 그때는 바로 입장하실 수 있어요."

외식업은 한정된 좌석수로 한정된 영업 시간 동안 최대의 매출을 올리는 것이 성패의 관건이다. 이를 위해서는 손님을 분산시키는 게 중요한데, 만일 손님이 특정 시간대에 몰린다면 한가한 시간대에 서비스를 제공하는 방법 등을 통해 분산시켜야 한다. 물론 특정 요일에 몰릴 때에도 마찬가지다. 그래야만 한정된 매장 안에서 최대의 매출을 올릴 수 있다.

"손님들이
2인석을 거부해서
걱정이에요." /

나는 정기적으로 자신의 가게를 운영하는 사장들과 대기업 프랜차이즈 마케터들을 대상으로 외식업 강연을 이어오고 있다. 서비스 교육을 마치고 나면 늘 질의응답 시간을 갖는데, 한 치킨 프랜차이즈 매장을 운영하시는 분이 찾아와 걱정 섞인 표정으로 고민을 털어놓았다. 물리적인 환경으로 인해 손님들의 클레임이 너무 많다는 이야기였다.

자세한 내용은 이렇다. 이분은 직원들과 교육에 동행할 만큼 사람에 대한 투자도 아끼지 않는, 서비스 마인드가 아주 투철한 분이었다. 그래서인지 가게 직원들은 친절했고 손님도 늘 넘쳐난다고 했다. 한가한 시간에 손님이 들어오면 편한 자리 앉도록 안내했는데, 문제는 바쁜

외식업은 한정된 좌석수로
한정된 영업 시간 동안
최대 매출을 올리는 것이
성패의 관건이다.

시간에 발생한다고 했다. 그분은 외식업이 '좌석을 파는 사업'이란 사실을 잘 알고 있었기에, 손님 두 분이 오시면 2인용 좌석에 꼭 안내하도록 직원들에게 지시했는데 이 부분에 있어서 손님들이 자주 불만을 제기했다는 것이었다.

또 다른 고민은 인원수에 맞는 자리로 안내했을 때 손님이 가방을 둘 자리가 없다는 것이었다. 정해진 환경 안에서 다양한 방법을 모색해봤지만, 공간이 비좁고 특히 메인 통로에 있는 2인 테이블은 정말 답이 없다고 했다. 어떻게 하면 좋을지 나에게 상담을 요청했는데, 논의 끝에 나는 테이블 수를 줄이지 않고도 문제를 해결할 수 있는 방법을 알려드렸다.

1. 안내 포스터를 제작한다

2인 손님이 들어왔을 때 2인용 테이블로 안내하기 위해 구구절절 설명하기보다는 안내 포스터를 이용하면 손님을 유도하기가 더욱 수월하다. '몇 시부터 몇 시 사이에는 고객님들의 대기시간을 최소화하기 위해 인원수에 맞는 자리로 안내해드리고 있습니다. 이 점 양해 부탁드리며, 보다 나은 서비스로 보답하겠습니다.' 이런 문구가 적힌 포스터를 붙여두면 손님의 불만을 예방할 수 있다. 문구를 작성할 때 주의해야 할 점은 무조건 손님의 입장에서 설명해야 한다는 것이다. '손님이 기다리는 시간을 최소화하기 위해' 자리를 인원수에 맞게 배치해드린다는 문구처럼 말이다.

2. 테이블에 가방걸이를 비치한다

2인용 테이블에 앉으면 마땅히 가방을 둘 데가 없다. 그래서 손님들은 무릎에 가방을 둔 채 불편하게 식사를 하거나, 찝찝한 마음으로 바닥에 내려놓을 수밖에 없다. 보조의자를 놓는다고 해도 통로가 좁아져 직원들과 손님들이 이동하기에 불편하다. 이럴 땐 가방걸이를 미리 테이블에 붙여두면 손님의 불만을 손쉽게 해소할 수 있다.

가방걸이는 인터넷으로도 구입이 가능하다. 커다란 옷핀처럼 생겼는데, 꽤 무거운 가방도 거뜬히 버텨낼 만큼 견고하다. 내게 상담을 요청한 사장님께 이 가방걸이를 추천해드렸더니, 바로 실행에 옮겼고 손님들도 거부감 없이 2인용 테이블에서 편하게 식사를 하셨다고 말했다. 나는 여기에 추가로 '우리 가게는 고객님의 가방을 안전하게 보관하기 위해 이러한 서비스를 제공하고 있습니다'라는 안내판을 만들어 매장에 붙여두라고 조언했다. 아무 언급 없이 이루어지는 서비스는 당연하게 느껴지지만, 이렇게 조금만 표시를 내면 서비스를 받는 입장에서는 더 큰 만족을 느끼기 마련이다.

기다리는 손님을
붙잡는
공간의 힘 /

음식점을 운영하다 보면 여러 가지 어려움을 만나게 된다. 그중에서도 대기 손님을 예측하고 관리하는 일은 여간 까다로운 게 아니다. 오늘 우리 가게에 언제, 몇 명의 손님이 올지, 얼마나 머무를지 알 수 없으며, 손님이 얼마만큼의 매출을 발생시킬지도 알 수 없기 때문이다. 제한된 시간 안에 계속 빈 좌석을 채우도록 노력해야 하는데, 또 한꺼번에 많은 손님이 몰려와도 문제다. 서비스를 제공하는 공간이나 인원에 한계가 있어 손님이 몰릴 경우, 필연적으로 대기 시간이 발생할 수밖에 없다.

만일 대기 시간이 길어진다면 손님을 놓치거나 클레임이 발생할 수도 있다. 이 경우에는 손님이 똑같은 시간을 기다리더라도 심리적으로 느끼는 대기 시간을 줄이는 게 관건이다. 기업 경영의 세계적 권위자인 데이비드 마이스터David Maister는 손님의 심리적 대기 시간을 관리하는 여덟 가지 원칙을 제시했다.

1. 아무 일도 하지 않을 때의 대기가 더 길게 느껴진다.

2. 구매 전 대기가 더 길게 느껴진다.

3. 근심은 대기를 더욱 길게 느끼게 한다.

4. 언제 서비스를 받을지 모른 채 기다리면 대기가 더 길게 느껴진다.

5. 원인을 알 수 없는 대기가 더 길게 느껴진다.

6. 불공정한 대기가 더 길게 느껴진다.

7. 가치가 적을수록 대기가 더 길게 느껴진다.

8. 혼자 기다리면 대기가 더 길게 느껴진다.

　마이스터가 제시한 여덟 가지 원칙을 기반으로, 음식점에서 손님들이 대기 시간을 짧게 느끼도록 만드는 방법을 살펴보도록 하자.

기다리는 순간
감동이 시작된다 /

하이디라오

　　　　하이디라오는 1994년 쓰촨성에서 테이블 네 개로 시작해 현재 중국에 130개점, 싱가포르, 미국, 한국의 명동에도 진출한 훠궈 전문 프랜차이즈다. 중국에서 흔한 훠궈라는 아이템에 차별화된 서비스를 더해 대륙의 기적을 만들어낸 곳으로도 유명하다. 이곳은 비수기인 여름철에도 테이블 회전율이 3회전은 거뜬할 만큼 바쁜 가게로 손꼽힌다. 손님이 한두 시간 대기하는 게 일상인 곳이다.

이에 하이디라오는 별도의 대기 공간과 전담 직원까지 갖추고 있다. 직원들은 손님의 대기 시간에 과일과 팝콘, 음료 등을 제공하며 음식이 떨어지기가 무섭게 채워놓는다. 손님이 대기하는 순간부터 서비스를 받고 있음을 인식시킨다. 손님은 대기표로 자신의 입장 순서를 확인할 수 있으며, 심지어는 네일아트나 구두닦이 서비스도 누릴 수 있다. 이는 마이스터 8원칙 중 첫 번째 원칙, '아무 일도 하지 않을 때의 대기가 더 길게 느껴진다'와 네 번째 원칙, '언제 서비스를 받을지 모른 채 기다리면 대기가 더 길게 느껴진다'를 효과적으로 조치한 사례라고 볼 수 있다.

기다리는 동안 즐거움을 제공한다 /

송정집

부산을 대표하는 맛집으로 손꼽히는 한·분식 전문점 송정집은 다양한 방법을 활용해 손님의 대기 시간을 즐겁게 만들고 있다.

손님이 대기하는 순간부터
서비스를 받고 있음을 인식시킨다.

1. 먹는 즐거움

송정집은 매일 아침 도정 시 나오는 신선한 미강을 구수하게 볶아 차로 우려낸다. 그리고 손님들이 대기하는 동안 무료로 즐길 수 있도록 비치해두는데, "혹시라도 미강차가 떨어지면 말씀해주세요"라는 메시지와 함께 직원 호출용 벨을 두기도 했다.

2. 받는 즐거움

미강가루는 현미에서 백미로 도정할 때 생기는 가루를 말하는데, 암을 예방하고 변비를 해소하는 효능이 있다. 송정집은 미강가루를 손님에게 무료로 제공해 여심을 사로잡고 있다. 오랜 시간 자신들을 기다려준 대기 손님에게 마음을 담은 선물을 전하는 셈이다.

3. 참여하는 즐거움

송정집은 재미있는 퀴즈를 통해 자신들의 오너셰프 제도를 알리고 있다. 손님들에게 읽을거리를 제공함과 동시에 가게에 대한 좋은 이미지를 전파하는 입소문 마케팅으로 활용하고 있는 셈이다. 손님이 퀴즈를 맞추면 추첨을 통해 선물까지 제공하니, 오랜 기다림에도 지루할 틈이 없다.

4. 더 빨리 즐기는 법

송정집의 대기 공간에는 메뉴판과 주문서가 비치되어 있다. 대기 중에 미리 주문서를 작성하여 직원에게 전달하면, 곧바로 메뉴를 받아볼 수 있다. 이는 손님에게 소일거리를 제공하여 심리적 대기 시간을 줄이고, 미리 주문서를 작성하게 함으로써 대기 중에도 이미 구매가 시작된 것으로 인식하게 만드는 효과가 있다. 마이스터의 원칙 중 첫 번째, 두 번째, 세 번째, 네 번째 원칙을 모두 조치한 사례로 볼 수 있다.

공정한 서비스로 정당성을 부여하라 /

동해장

평택에 있는 동해장은 최근 백종원 대표가 출연하는 텔레비전 프로그램에 소개된 계기로 문전성시를 이루는 중국요리 전문점이다. 텔레비전에 나온 다음 날, 나는 그곳을 찾아가보았다. 으레 매스컴에 소개된 가게들은 당장 다음 날만 되어도 어마어마하게 북적거린다. 이곳 역시 어느새 몰려온 손님들로 인해 이른 아침부터 매장 앞에 줄이 길게 늘어서 있었고, 개점과 함께 동시에 들어가는 진풍경이 펼쳐졌다. 이곳은 규모가 작은 음식점이라 별도의 대기 공간은 없었다. 하지만 추위에 떨고 있는 손님들을 배려해 직원이 향긋한 차를 나눠주었고, "따뜻한 차 한잔 드시면서 몸 좀 녹이세요"라는 인사를 잊지 않았다.

그날따라 동해장에는 유난히 아기를 동반한 가족들이 많았는데, 직원은 그들을 향해 이렇게 말했다.

"대기 고객님들 중 아기나 임산부가 계십니까? 추운 데서 계시면 감기에 걸릴 수 있으니 보호자 한 분만 동반해서 안으로 들어오세요."

이들에게는 매장 안에서 기다릴 수 있는 특혜가 주어졌다. 나는 전혀 예상치 못한 그들의 수준 높은 배려와 서비스에 깜짝 놀랐다.

그런데 그게 다가 아니었다. 잠시 후 직원이 대기 손님에게 1번부터 30번까지 번호표를 나눠주었다.

"점심시간에는 대기번호 30번 고객까지만 식사가 가능합니다. 죄송하지만 31번 고객님부터는 다음번에 방문 부탁드립니다."

그의 손에는 정확히 30장의 번호표가 들려 있었다. 2시 이후부터 브레이크 타임인데 마냥 기다리다 헛걸음하는 고객이 없도록 배려하는 마음이었다.

이는 마이스터의 네 번째 원칙인 '언제 서비스를 받을지 모른 채 기다리면 대기가 더 길게 느껴진다'를 적절히 조치한 예다. 드디어 1번부터 30번까지의 고객이 한 번에 입장하게 되었다. 입장에 앞서 직원은 이렇게 말했다.

"최대한 많은 고객을 안으로 모시고자 자리는 합석을 원칙으로 합니다. 제가 지정해드리는 자리에 착석해주세요. 주문은 번호표 순서대로 받을 예정이니, 자리에 착석하신 고객님은 테이블 위에 번호표를 올려주세요."

모든 손님이 동시에 우르르 입장할 경우 차례를 정해주지 않으면 주문 순서가 뒤바뀌고, 그 안에서 손님의 불만이 발생할 수 있다. 하지만 동해장은 번호표 순서대로 주문을 받음으로써 먼저 온 손님 순서대로 빠른 식사 제공이 가능하게 했다. 이는 마이스터의 여섯 번째 원칙 '불공정한 대기가 더 길게 느껴진다'를 조치한 예라고 볼 수 있다.

지금까지 음식점에서 고객의 심리적인 대기 시간을 줄이는 방법에 대해 알아보았다. 물론 가장 좋은 방법은 고객의 실제 대기 시간을 줄이는 것이다. 하지만 매장의 상황상 그럴 수 없다면 앞에서 소개한 사례들을 참고해 고객이 대기 시간을 짧게 느끼게 하는 장치를 마련해보는 건 어떨까.

5장.

한국의
숨은 장사 천재들

대박집 사장이
직접 밝히는
작은 가게
성공 전략

"직원들에게
지속 가능한 직장을
약속합니다." /

직원들에게 연봉 500만 원을 올려준다면, 직원들의 사기는 얼마나 지속될까? 오직 '연봉 인상'이라는 카드만으로 구성원들의 마음속 열정의 불씨가 오래 타오르도록 만들 수 있을까? 내가 경험한 바로는 길어봤자 수개월이었다. 유효기간이 그리 길지 않았다. 반면 장기적이고 체계적인 교육을 통해 직원의 성장을 돕고 지원하는 가게의 경우, 투자 효과가 조금 더디게 나타나더라도 직원들의 열정이 쉽게 사그라들지 않고 지속되었다.

　『열정과 몰입의 방법』의 저자 케네스 토마스는 직원들이 자기 스스로 가치 있는 일을 하고 있다고 느낄 때, 자신에게 선택권이 있다고 느낄 때, 그 일에 대한 기술과 지식이 있다고 느낄 때, 실제로 진보하고 있다고 느낄 때 비로소 업무에 열정적으로 몰입한다고 말했다. 나 역시 그의 말에 전적으로 공감한다. 사람이라면 누구나 배우고, 성장하고 싶은 욕구가 있기 때문이다.

부산 온천장 모모스커피

　지속 성장의 동력을 '사람'으로 꼽는 외식업에서, 손님에게 최고의 경험을 제공하는 주체인 '직원에게 투자하는 것'은 어쩌면 당연한 일이고 또 가장 중요한 일이다. 그리고 나는 커피 업계에서 이런 기업을 만날 수 있었다. 작지만 존재감 있는 브랜드 '모모스커피'를 론칭해 성공적으로 운영하고 있는 이현기 대표를 만나보았다.

직원 모두가
업계 최고의 전문가가 되기를
바라며 ✎

　　　　　"바리스타라는 직업이 지속 가능하고 무한히 성

장할 수 있는 직업이 되도록 만들겠다. 무형의 자산에 투자해 그 이상을 보여주는 롤 모델로서 성장하고 싶다"라고 당당히 말하는 한 남자가 있다. 바로 모모스커피의 이현기 대표다.

모모스커피 이현기 대표

그는 10여 년 전, 자신의 부모님이 운영하던 식당 한구석에서 13제곱미터(약 4평)짜리 작은 테이크아웃 커피 전문점을 시작했다. 이렇게 외진 곳에서도 장사가 잘된다면 어디서든 망하지 않겠다는 생각에, 성공한다면 곧바로 매장을 늘려 프랜차이즈 사업을 할 요량이었다.

하지만 1년간 매장을 운영하면서 커피라는 게 결코 쉽게 만들 수 없고, 포화된 커피 업계에서 나름의 경쟁력을 만들어간다는 게 굉장히 먼 길이라는 사실을 깨달았다. 그래서 그는 잠시 프랜차이즈를 접고,

커피에 대한 전문성부터 키우기로 결심했다.

그러던 중 이 대표는 2009년 미국에서 열린 커피 박람회에 참가했다. 기존에 자신이 알고 있던 일본식 커피와는 전혀 다른, 제3의 커피 물결을 만난 후 '내가 여기서 느낀 것들을 우리 직원들도 경험한다면 가게가 얼마나 발전할까?'라는 생각을 하게 되었다. 문득 직원 연봉의 10퍼센트를 투자해 모두가 자신과 같은 안목을 가질 수 있다면, 사장으로서 그 돈은 아무것도 아니라는 생각이 들었다. 그때부터 그는 직원들에게 해외 연수 기회를 주었다. 그리고 지금까지도 매년 열 명 이상의 직원들이 외국에 나가 선진 커피 문화와 기술을 경험하고 있다.

"능력 있고 총명한 직원들이 회사를 떠나지 않고 계속 남아서 함께 하려면, 사장부터가 먼저 잘해줘야 합니다. 그들의 성장과 행복을 책임감 있게 지원해줘야 합니다. 처음엔 저도 직원들에게 월급만 많이 주면 될 거라고 생각했습니다. 제가 가난했기 때문에 돈이 많이 필요하겠다는 생각이 들었고, 일단 빨리 월급을 올려주는 데에만 급급했었죠. 그런데 세월이 흘러 저보다 열 살 이상 차이가 나는 어린 친구들이 입사하면서, 그들의 생각이 제 생각과는 다르다는 것을 깨달았습니다. 돈보다는 자기만의 시간이 더 필요하다고 하더군요. 그래서 올해부터는 직원들의 근무 시간을 재고하고, 만 3년 이상 근무자에게 한 달간 유급휴가를 주는 '안식월 제도'를 운영하고 있습니다. 상반기에는 어린 바리스타 세 명이 다녀왔고, 다음 달에는 네 번째 주자가 안식월을 보낼 겁니다. 남들 일할 때 자기만 노니까 너무 행복하다고 하네요."

그는 커피가 부가가치가 낮은 산업이라고 말한다. 사람들은 커피값이 밥값보다 비싼 것을 이해하지 못하는데, 커피를 만드는 사람들이 전문가로 성장하고 기술을 익히기 위해 얼마나 많이 공부하고 노력하는지는 알아주지 않는다며 설움을 토로하기도 했다. 또 바리스타라는 직업에 대한 편견도 존재하는 게 현실이라고 말했다.

"우리 스스로가 전문가로 성장하지 않으면 사람들에게 단순히 커피 타는 사람이라는 취급을 받을 것이고, 우리의 미래 또한 불 보듯 뻔해질 것입니다. 그렇게 되지 않으려면 전문가로서 인정을 받아야 합니다. 어떻게 하면 커피를 만들고 파는 우리가 사회적으로 인정받고 공감받는가, 저는 그것을 고민합니다."

그래서일까? 모모스커피에는 첫 시작을 함께했던 원년 직원 세 명이 아직까지도 근무하고 있다. 22살에 아르바이트생으로 들어와 현재 9년차 바리스타가 된 직원은 벌써 30살이 되었고, 국가대표 바리스타 선발전에서 3년 연속 2~3위를 기록하며 대한민국 대표 여성 바리스타로 이름을 날리고 있다. 또 9년 전 작은 매장에서 회사의 성장을 함께 고민했던 남녀 직원은 결혼을 했고, 새로 늘어난 바리스타들과 호흡하며 회사의 미래를 설계하고 있다.

"뭐든 아끼지 않아야
손님이 아끼는
가게가 됩니다." /

손대는 가게마다 대박을 터트리며 '장사의 신'이라고 불리는 남자가 있다. '청담추어정'과 '곤드레밥집'이라는 두 개의 브랜드를 창업하고, 현재 여섯 개의 지점을 운영하고 있는 디안F&B의 조인호 대표다. 신기하게도 그는 지금껏 단 한 번도 언론에 노출된 적이 없다.

그는 자신만의 경영철학을 바탕으로 가게를 운영하면서, 함께 일하는 직원들과 손님들에게 무한한 인정과 신뢰를 받고 있다. 나는 그를 만나서 어떤 계기로 외식업에 뛰어들었는지, 어떻게 매장을 늘리고 성장시켰는지를 자세히 들어보기로 했다.

어린 시절, 그의 집 뒤뜰에는 우물을 중심으로 상추밭과 고추밭이 있었다고 했다. 부모님이 하루 종일 밭에 나가 일하시니, 밥을 차려 먹는 건 자연스럽게 그의 몫이었다. 그때 뒤뜰에서 따온 상추 몇 장과 고추 몇 개를 장에 찍어 먹으면, 그 한 끼가 세상 무엇보다도 맛있었다고 했다.

디안F&B 조인호 대표

회사 이름인 '디안'은 그의 추억이 담긴 '뒤뜰'을 의미한다. 소박하지만 따뜻했던 어린 시절의 풍경, 그토록 맛있고 행복했던 밥상을 손님들에게도 전해주고 싶어 '디안'이라고 이름 지었다고 했다.

"가구 공장에서부터 포장마차, 과일장사, 생선장사까지 안 해본 일이 없어요. 먹고사는 일도 어려우니 대학은 꿈도 못 꿨습니다. 처음에는 가구 만드는 일로 사회생활을 시작했고, 군대를 전역하고 나서는 친구와 함께 소품용 가구 제조 공장을 운영했습니다. 그런데 공장을 시작한 지 얼마 안 돼서 완제품 가구들이 수입되기 시작했습니다. 결국 공장 문을 닫게 되었죠."

돌고 돌아 그의 운명은 외식업으로 향할 수밖에 없었던 것일까. 한참을 방황하던 어느 날, 그는 사돈의 권유로 일식집 주방에서 일을 시작했다. 그리고 주방장이 되기까지 6년여의 시간을 거치며 장사의 기본을 다져나갔다.

"6년이라는 시간 동안 외식업의 기본을 배운 셈이죠. 일식집에서 일한 지 7년째에 접어들자 문득 내 가게를 차리고 싶다는 생각이 들었습니다."

1000원을 남기더라도
모두 손님에게 돌려줘라 /

"그런데 일식집을 차리는 건 쉽지 않겠더라고요. 원재료 공급만 해도 기후나 환경 등의 영향을 많이 받으니까요. 게다가 전문 조리사가 필요하기 때문에 직원 구하기가 하늘의 별 따기입니다. 그뿐인가요? 음식 가격이 높아서 그에 맞는 최고의 서비스를 제공해야 손님들을 만족시킬 수 있습니다. 주인이 손님들과 술 한잔씩을 나눠 마시며 일일이 관리하지 않으면 운영도 어렵죠. 그렇게 하지 않으면 손님이 어제와 똑같은 음식을 먹고도 오늘은 맛이 없었다고 평가해버리곤 합니다. 그런데 밥집은 일식집과는 좀 다릅니다. 전문 교육을 받지 않아도, 손맛 좋은 요리사만 있으면 충분히 맛있는 음식을 만들어낼 수 있습니다. 평소에 제가 추어탕을 참 좋아하는데요. 추어탕 집은 국물 맛을 잘 내고, 김치를 맛있게 담그면 기본 이상은 합니다. 그런 생각에 업종을 변경하게 되었습니다."

일식집에서 누구나 편하게 즐기는 밥집으로 업종을 변경했다는 말만으로는 그가 성공한 이유를 설명하기에 부족했다. 다른 수많은 가게들보다 그가 운영하는 가게만 유독 잘되는 이유는 무엇일까? 나는 그에게 직원들을 향해 가장 강조하는 점이 무엇이냐고 물어보았다.

"항상 웃으면서 손님을 대하라고 합니다. 미소만큼 상대방을 기분 좋게 만드는 건 없거든요. 그리고 또 한 가지, 손님들에게 드리는 상추나 샐러드, 과일 같은 음식을 절대로 아끼지 말라고 강조합니다. 손님은 맛있는 음식을 잘 먹었다는 생각이 들면, 분명 다시 우리 가게를 찾아오기 마련입니다. 이 때문에 그게 무엇이든 손님에게 가는 것은 아깝다고 생각해본 적이 없습니다."

실제로 그는 식재료를 1000원 싸게 들여오면 그 이득을 모두 손님에게 돌려드린다. 그리고 이러한 경영철학이 그의 가게로 손님을 더 불러 모으는 선순환 효과로 나타나고 있다.

내가 장사가 잘 안 되는 음식점들을 다녀보며 사장들로부터 발견한 한 가지 공통점은 '무엇이든 아끼고 줄이려고 한다는 것'이었다. 전기세를 아낀다는 이유로 매장 내 모든 조명을 꺼놓는가 하면, 무더운 여름에도 에어컨을 끈 채 문을 활짝 열고 장사를 했다. 그뿐만이 아니다. 재료비를 아낀다고 메뉴의 양을 줄이거나 음식 맛을 떨어뜨리는 일도 허다하니, 손님들이 말실을 돌리는 건 낭연했다. 그런데 조인호 대표는 무엇이든 아끼지 않고 손님을 위한다는 점에서 그들과는 확연히 다른 마인드를 갖추고 있었다.

가격과
서비스 차별화로
매출을 극대화하다 /

그가 운영하는 청담추어정은 '삼대가 행복한 밥상'이라는 슬로건을 내걸고 손님을 맞이한다. 가까운 일본만 가도 100년 가는 식당이 많은데, 우리도 추어탕으로 삼대가 함께 즐길 수 있는, 100년 가는 식당을 만들어보자는 그의 각오가 녹아 있다.

청담추어정의 메뉴를 살펴보면, 추어탕과 추어정식, 그리고 그 밖의 단품메뉴로 구성되어 있다. 추어정식에는 추어탕을 비롯해 제주황게

장과 모듬튀김, 오리불고기까지 있어 대부분의 손님들이 이 메뉴를 즐겨 찾는다. 가게 입장에서도 객단가가 오르는 것은 물론, 식재료의 회전율까지 올라가니 운영에 효율성을 확보할 수 있다.

게다가 이 가게는 입구에 들어서자마자 고소한 빵 냄새가 진동한다. 국내산 팥을 직접 삶아 천연발효종과 배합해 매장에서 직접 빵을 구워낸다. 추어탕 집에서 빵 냄새가 나는 이유는 뭘까?

"한때 군산의 이성당, 대전의 성심당과 같은 빵집이 하고 싶어서 전문적으로 빵을 배우러 다녔습니다. 그러던 중 추어탕과 단팥빵의 조합이 의외로 괜찮다는 사실을 발견했고, 그때부터 매장에서 단팥빵을 팔았습니다. 막상 해보니까 매장에서 솔솔 풍기는 빵 냄새가 그렇게 좋을 수가 없는 거예요. 손님들도 빵을 그렇게 많이 사 가실 줄은 꿈에도 몰랐습니다. 의도한 건 아니었는데, 나중에 알아보니 이런 걸 향기 마케팅이라고 하더군요."

청담추어정에서는 빵 매출만 월 4000~6000만 원에 이른다고 한다. 고소한 빵 냄새는 추어탕을 먹기 위해 평균적으로 40분 정도 줄을 서서 기다리는 손님들과, 식사를 마치고 나가는 손님들 모두를 붙잡는 효과를 가져왔다. 매장 공간과 영업 시간이라는 한계를 훌쩍 넘어선 매출을 기록했고, '청담추어정은 빵이 맛있는 집'이라는 별칭도 얻게 되었다.

청담추어정 내 단팥빵 매장

그와 이야기를 나누다 보면 '이렇게까지 장사가 잘될 줄 몰랐다'거나 '그렇게 많이 팔릴 줄은 몰랐다'는 말을 자주 듣는다. 언제나 겸손하게 자신을 낮추는 그의 말과 달리, 그의 손길이 닿은 가게에서는 장사의 본질을 정확히 이해하고 손님의 마음을 공략하는 전략가의 면모가 보였다.

청담추어정과 곤드레밥집을 방문하는 손님들은 단팥빵 외에도 추어탕이나 반찬 종류를 많이 구매해가는 편이다. 포장 손님에게는 밑반찬을 제공하지 않는 다른 음식점과 달리, 이곳은 반찬은 물론이고 부추, 마늘, 고추, 심지어 후추까지 일일이 챙긴다. 이토록 세심한 서비스에 감동하지 않을 손님이 있을까. 매장에서 먹는 그 맛을 그대로 전하고 싶어 하는 조 대표의 마음이 고스란히 전해진다. 언제나 그렇듯 진심은 상대방의 마음을 움직인다.

직원 10명을
10억 자산가로
만들자 /

　　　　　디안F&B 사무실에 가면 '누구에게나 좋은 사람이 되자'라는 이념을 바탕으로 한 조 대표의 목표가 적혀 있다. 그중 첫 번째 항목이 유독 눈길을 끌었다.

　"직원 10명 이상을 10억 자산가로 만들자!"

　목표가 무척 구체적이다. 대표 자신뿐만 아니라 그와 함께하는 직원들을 잘살게 하려는 그의 의지가 엿보였다. 외식업뿐만 아니라 어떤 분야에서건 직원들이 회사를 떠나는 이유는 명확하다. 자신이 소모되고 있고, 하고 있는 일에서 더 이상 비전을 찾을 수 없을 때 직원들은 떠난다.

　"제가 직원들에게 반복해서 이야기하는 것이 있습니다. '열정을 가지고 열심히 일하면 성공할 수 있다' '함께 수고하는 직원들을 잘살게 하겠다'는 것이죠. 말뿐인 공약으로 그치지 않기 위해 저희 회사에서는 이를 위한 시스템을 만들어두었습니다."

그는 직원이 매장을 오픈할 때 초기 자본의 일부와 인테리어 비용을 지원하는 '도제 시스템'을 도입했고, 월 매출 목표를 초과 달성하면 급여 외에 인센티브를 따로 지급한다. 여기에 조 대표가 각별히 신경 쓰는 것 중 하나는 '직원들의 식사'다. 잘 짜인 식단으로 든든히 식사할 수 있도록 이 부분만큼은 손수 챙긴다. 전 직원에게 4대 보험은 필수이고, 직원 교육에도 힘을 쏟는다. 그가 직원 복지에 이토록 투자하는 이유는, 모두가 알고 있지만 제대로 실천하지 못하는 '직원이 행복해야 손님도 행복하다'라는 경영 원칙을 지키기 위해서다.

"제가
대접받고 싶은 대로
손님을
대접합니다." /

내가 처음 송정집을 찾게 된 건 대기업 프랜차이즈도 아닌, 지역의 한 가게가 '오너셰프 제도'를 도입했다는 어느 신문기사를 보고 나서였다.

'오너셰프 제도'란 지점을 창업할 때 본점에서 초기 자본 전액을 투자하고, 그 매장에서 나오는 수익금 중 절반을 점장에게 지급하는 시스템이다. 송정집의 경우, 서비스 정신과 강한 도전 정신을 갖춘 남녀를 대상으로 2년간 교육을 이수하면 누구나 창업의 기회를 제공한다. 경영이 어려워져도 최소 3600만 원의 연봉을 보장하고, 혹시 경영에 실패하더라도 그 책임은 모두 본점이 진다. 국내 외식업계에서 최초로 이런 획기적인 창업 시스템을 만든 장석관 대표는 오너셰프 제도를 도입한 계기에 대해 이렇게 설명했다.

"성공한 롤 모델이 있고, 자신에게도 풍족한 미래가 있다고 확신하는 직원들이 있어야만 가게가 발전합니다. 다함께 성장하고 발전하는 것, 그것이 바로 '오너셰프 제도'의 기본 취지입니다. 사람들은 왜 하필 이런 제도를 만들었냐고 묻습니다. 과거에 여러 가게를 운영해보면서 두세 배씩 월급을 올려줘보기도 하고, 성과금 제도나 사원지주제 등 직원을 위해 안 해본 게 없습니다. 그러면서 깨달은 사실이 하나 있습니다. 저는 그동안 막연히 '돈만 많이 주면 되겠지'라고 생각했는데, 돈이 다가 아니라는 겁니다. 직원들은 결국 그 가게의 문화와 비전을 따릅니다. 돈만으로 사람의 마음을 이끄는 데에는 분명 한계가 있습니다. 이것이 제가 오너셰프 제도를 만든 이유입니다."

장 대표의 경영관을 들으니 그가 운영하는 가게와 그곳의 이야기가 더 궁금해졌다. 나는 무작정 그에게 연락한 뒤 인터뷰 약속을 잡았다. 부산에 도착해 곧바로 택시를 타고는 송정동으로 향했다. 거의 다 도

부신시 해운대구에 위치한 송정집

착했을 무렵 저 멀리 파란 지붕이 보였다. 파란 하늘과 뭉게구름, 그리고 송정집의 파란 지붕이 절묘하게 어울렸다. 점심때를 훌쩍 넘겼음에도 송정집 앞에는 여전히 줄을 서서 기다리는 손님이 많았다.

가게 옆으로는 손님들이 편하게 기다릴 수 있도록 별도로 마련한 내실 공간도 눈에 보였다. 사사 도정을 하는 곳으로 유명한 이 집은 매일 아침 도정을 할 때 나오는 신선한 미강(쌀겨)을 볶아서 구수한 차를 우려낸다. 손님들이 기다리는 동안 미강차를 즐길 수 있도록 대기 공간에 준비해두고, "혹시 차가 다 떨어지면 직원에게 말씀해주세요"라는 문구와 직원 호출용 벨을 두었다. 늘 바쁜 매장이기에 손님의 불편을 예방하기 위한 배려인 듯했다.

그 옆으로는 "필요한 손님들은 하나씩 가져가세요"라는 문구와 함께 따로 포장된 미강가루가 놓여 있었다. 현미를 백미로 도정하는 과정에서 생기는 이 가루는 암을 예방하고 변비를 해소하는 효능이 있어 피부 미용과 독소 배출에 좋다고 알려져 있다. 오랜 시간 기다려준 손님들에 대한 감사의 마음을 이렇게 전하고 있었다.

미강차를 마시며 기다리는 동안, 비치된 메뉴판을 보고 미리 주문을 하면 곧바로 식사를 할 수 있다. 송정집은 가게를 찾은 손님들이 지루할 틈 없이 이곳에서의 시간을 즐길 수 있도록 동선과 서비스를 매끄럽게 디자인했다.

기본 없이는
아무것도 해낼 수 없다 /

2014년 2월에 문을 연 송정집은 부산에서 꽤나 유명한 맛집으로 잘 알려져 있다. 한·분식 전문점 최초로 자가도정과 자가제면을 하고 있기 때문이다. 이곳의 직원 19명 중 3~4명을 제외하고는 모두가 정직원이다. 게다가 30년 경력의 총괄 셰프부터 중식 셰프와 양식 셰프까지, 든든한 조리사 군단이 맛을 책임지고 있다. 인건비가 자그마치 수익의 50퍼센트를 차지하지만, 그렇다고 해서 음식 값이 비싼 건 아니다.

송정집에 가기 위해 부산에 간다는 사람이 생길 만큼 맛집이 된 이곳은 어떻게 처음 시작되었을까? 장 대표는 이렇게 말했다.

"지금은 외관도 번듯하고 사람들이 모여드는 가게가 되었지만, 처음 이곳을 찾았을 땐 입지가 좋은 편도 아니었고 거의 창고로 쓰이던 공간이었습니다. 건물이 너무 낡아서 정화 시설을 새로 만들어야 했는데, 정화조를 들이는 비용과 관리 비용을 모두 계산해보니 수천 만 원이 들더군요. 게다가 바닷가 근처라서 신경 쓸 게 한두 가지가 아니었습니다. 이 문제를 해결하고 수리하는 데에만 두 달이 걸렸지요."

송정집은 자가도정으로 신선한 쌀밥을 짓고, 자가제면으로 남다른

송정집의 장석관 대표   타이머가 부착된 송정집의 밥솥

식감이 느껴지는 면을 뽑아낸다. 사실 자가도정과 자가제면은 어느 가게든 곧바로 도입할 수 있는 기술이기 때문에, 장 대표는 도정과 제면 기술력을 높이기 위해 심혈을 기울였다. 몸에 좋고 맛도 좋은 최상의 밥과 면을 만들기 위해 이 과정에만 2년을 투자했다.

"기본에 충실한 맛을 내고 싶어 피땀 흘리며 밤낮으로 노력했지만, 쉽지 않았습니다. 특히 면이 정말 어려웠습니다. 시간에 따라, 온도에 따라, 심지어 음악을 틀었을 때와 틀지 않았을 때마다 미세하게 결과물이 달라져서 가능한 모든 상황을 고려해 연구할 수밖에 없었습니다.

이런 과정을 통해 조리법과 메뉴를 개발했기 때문에 아무리 다른 곳에서 따라 하려고 해도 쉽게 흉내 낼 수 없다고 자부합니다."

송정집은 당일에 도정해 갓 지어낸 쌀밥을 손님들에게 몇 그릇이고 무료로 제공한다. 매장에는 아예 작은 밥솥이 열 개나 줄지어 놓여 있다. 밥솥마다 타이머가 부착되어 있는데, 갓 지은 밥맛을 선보이기 위함이라고 했다.

"뭐든 제때 하는 게 중요합니다. 밥을 더 드시고 싶어 하는 손님들에게 갓 지은 밥맛을 선보이고자, 시간 차이를 두어 밥을 소량씩 짓습니다."

쌀은 도정 후 15일이 지나면 산패가 진행되는데, 송정집은 10도를 유지하는 저온 창고에 보관해 질 좋은 쌀을 매일 아침 도정해 밥을 짓는다. 그래서인지 이곳의 밥은 빛깔부터 다르다. 좋은 재료에 정성이 더해지니 어느 곳과도 비교할 수 없는 최고의 밥맛을 자랑한다.

이곳이 이토록 철저하게 지키는 원칙은 맛뿐만이 아니다. 송정집의 매장 규모는 총 595제곱미터(약 180평)인데, 이중 30퍼센트만 손님의 식사 공간으로 사용되고 있다. 나머지는 모두 그 외의 업무를 위한 공간으로, 10톤 분량의 쌀을 저장할 수 있는 저온 창고, 자가도정 및 자가제면 공간, 서브 주방, 자율 주차장 등을 갖추고 있다. 테이블은 총

10개고, 최근에 추가한 간이 테이블까지 포함하면 17개가 전부다. 처음엔 이곳에 놓인 테이블을 보고 '손님들이 줄을 서서 기다릴 정도인데 왜 확장을 하지 않을까?' 하는 의문이 들었다. 그런데 대표의 생각과 송정집에 얽힌 사연을 듣고 보니 이해가 됐다.

장 대표와 내가 이야기를 나누는 동안에도 손님을 맞이하는 직원들의 진절한 인사가 늘려왔다. 이러한 서비스 비결에 대해 대표에게 묻자, 그는 이렇게 말했다.

"제가 직원들에게 강조하는 것 중 하나는 '내가 대접받고 싶은 대로 손님에게 대접하라'입니다. 특히 저희는 대기 손님이 많기 때문에 언제나 존중하는 마음을 담아 손님을 맞습니다. '고객님, 안으로 모시겠습니다' '많이 기다리게 해드려 죄송합니다' '많이 더우셨죠? 정성껏 대접하겠습니다'와 같이 진심을 담아 인사하는 것을 정말로 중요하게 생각합니다."

음식 하나도 허투루 만들지 않는 그의 진심이 손님을 응대하는 방법과 원칙에서도 그대로 묻어났다. 지금의 모습으로 자리 잡기까지 송정집의 역사와 성장 과정을 듣고 나니, 40여 년간 외식업에 종사하면서 단 한 번도 실패해본 적 없다는 그의 말이 완전히 이해되었다.

"끊임없이
변신을 고민해야만
오래갈 수
있습니다." /

회 전문점 바다황제를 운영하는 신환수 대표는 외식업 경력만 35년이다. 노래방, 옷가게, 이벤트 회사, 카페 등 다양한 업종에 도전해 모두 성공시킨, 일명 베테랑 사업가이기도 하다. 다들 힘들고 망한다는 자영업 시장에서, 왜 그가 손대는 가게만 잘되는 걸까? 특별한 비결을 찾기 위해 그를 만나러 대전으로 떠났다.

"제가 바다황제를 개업한 초기에는 저 대신 가족들이 가게를 운영했습니다. 당시에 워낙 벌여놓은 일이 많아서 제가 가게에 신경을 못 썼죠. 그래서 가게가 잘되었냐고요? 전혀 아닙니다. 올해가 바다황제를 시작한 지 10년 차인데, 초반 4년 동안은 약 8억 원을 손해 보았습니다. 초기에 신경을 많이 못 쓴 탓도 있지만, 매장 근처에 있던 충청남도 도청, 시청, 철도시설공단이 전부 대전역 근처로 이전하면서 상권이 변화한 게 가장 컸습니다."

바다황제 신환수 대표

그 뒤로 신 대표는 본격적으로 매장 운영에 뛰어들었다. 어디서부터 무엇을 어떻게 바꿔야 할지 고민하면서, 그는 자신이 중요하게 생각하는 것들을 정리했고 이를 직원들과 함께 지키고자 했다.

매장이
저절로 굴러가는
'333 원칙' /

매장 운영 방식에 변화를 꾀하면서 신 대표는 가

장 먼저 직원 교육에 힘을 쏟았다. 그리고 그가 도입한 경영 전략 중 하나는 '333 원칙'이다. 이는 '영업 시작 시간보다 30분 일찍 출근하기' '3가지 이상 찾아서 청소하기' '남보다 30퍼센트 더 일하기'를 의미한다.

실제로 바다황제 직원들은 영업 시간보다 30분 일찍 출근한다. 가게 일을 시작하기 전에 30분간 다른 직원들과 커피를 마시며 소통하는 시간을 갖는다. 직원들 간에 팀워크가 잘 형성되면 일에 능률이 오르고 서비스 품질도 향상된다는 대표 나름의 철학이 담겨 있다.

또한 오후 2시부터 4시 사이에는 전 직원이 청소를 실시하고 있다. 이 가게는 조금 특별한 방식으로 청소를 하는데, 직원이 스스로 청소할 곳을 세 가지 찾은 다음 깨끗이 청소하고 이를 칠판에 기록한다. 청소 구역과 대상을 자발적으로 정하게 한 것인데, 이를 통해 직원들이 자기가 일하는 곳을 더 사랑하고 청소를 비롯한 다른 일에 더 의욕을 갖게 하려는 대표의 뜻이 숨어 있다. 유독 가게가 반짝반짝 빛난다고 느껴졌는데, 이러한 이유 때문이구나 싶었다.

그리고 이곳의 직원들은 남보다 30퍼센트 더 열심히 일하겠다는 각오로 업무에 임한다. 신 대표가 늘 강조하는 원칙인데, 자신의 일을 모두 끝내도 다른 직원의 일이 남았으면 함께 돕기도 한다. 그래서인지 직원들은 쉬는 시간을 제외하고는 쉴 새 없이 매장을 누빈다. 한 공간 안에서 같이 근무를 하다 보면 업무나 관계에 대해 직원들의 불만이 들릴 법도 한데, 이 가게에서는 직원들이 자연스럽게 서로를 챙긴다.

처음엔 다들 낯설어했지만, 이제는 다른 직원의 일도 자신의 일처럼 생각하며 일하는 분위기가 정착되었고, 이곳만의 문화로 자리 잡았다고 했다.

남과는
다른 사고방식으로
승부하라 /

횟집이라고 하면 흔히 매장 앞에 있는 수족관을 떠올린다. 수족관 안에 생선들이 헤엄치고, 각종 해산물이 싱싱하게 살아 움직여야 신선하다는 인상을 주기 때문이다. 그런데 이곳 바다황제는 매장 앞에 수족관을 배치하는 다른 가게와 달리, 주방 안쪽에 수족관을 두었다. 혹시 특별한 이유가 있는지 묻자, 그는 이렇게 답했다.

"우리 집 수족관이 주방 안에 있는 이유요? 보통 대부분의 횟집들이 수족관을 가게 앞에 두지요. 그런데 아무리 해산물을 좋아하는 손님이라도 매장에 들어서기도 전에 비린내를 맡으면 불쾌감을 느끼지 않을까요? 고급 횟집에서 수족관을 주방 안쪽에 두는 것과 같은 이치라고 보면 됩니다."

그러고 나서 나를 주방 안쪽으로 데려가 수족관을 보여주었다. 유리가 어찌나 깨끗한지 투명할 정도였고, 그 안에서 조개와 대게, 로브스터, 각종 활어가 펄떡펄떡 살아 움직이고 있었다.

"직접 눈으로 봐야 신뢰가 가는 게 사람의 심리죠. 그런데 수족관을 주방 안으로 들이면 직원들이 시시때때로 살피고 청소하며, 식재료를 청소하고 관리합니다. 신선한 재료는 당연히 맛도 좋고요. 결과적으로 손님과 직원 모두에게 좋은 셈입니다."

이는 신 대표가 매장에 들어서는 손님의 모습을 머릿속으로 끊임없이 상상하는 과정에서 떠올린 아이디어였다. 사람들이 당연하게 여기는 것에서부터 과감하게 변화를 시도했다.

또 신 대표는 예기치 않게 발생하는 손님의 불만에 대해서도 생각이 남달랐다. 그는 우선 손님의 입장에 서서 그들의 마음을 헤아리는 것 외에는 방법이 없다고 단언했다.

"저희 서비스가 만족스럽지 않아서 불만을 이야기하는 손님이 종종 계십니다. 좋지 않은 이야기를 들었다는 그 상황만 생각하면 물론 기분이 나쁠 수도 있습니다. 하지만 저는 늘 입장을 바꿔놓고 생각합니다. 오히려 부족한 점을 이야기해주시는 분들에게 정말 감사함을 느껴야 해요. 가게에 애정이 있기 때문에 얘기도 해주시고 조언도 해주시는 것이죠. 불편함이 있었는데 말해주지 않고 다시는 찾지 않는 손님들이 저희 입장에서는 가장 두려운 존재입니다. 그래서 저희는 가게의 음식이나 서비스에 만족하지 못한 손님들에게 저희 가게에서 사용할 수 있는 상품권을 드리면서, 재방문을 요청하고 있습니다. 자리가 없어서 돌아가는 분들에게도 마찬가지고요. 그분들의 꽁꽁 언 마음을 녹이고, 다시 신뢰를 얻기 위함이죠."

기업이나 브랜드, 가게에서 신규 고객을 창출하는 일은 기존 고객을 유지하는 것보다 몇 배는 더 많은 비용을 필요로 한다. 신 대표는 기존 고객과 신규 고객 모두를 사로잡기 위한 방안으로 매장에서 현금처럼 사용할 수 있는 '상품권'을 제작해 사용하고 있다.

처음 바다황제의 영업시간은 10시부터 22시까지였다. 그런데 늦은 시간에 가게를 찾는 손님들이 꽤 있다는 사실을 알아채고는 영업시간을 두 시간 더 늘리기로 했다. 이에 맞춰 10시에 출근하는 조와 12시에 출근하는 조로 나누어 직원들의 출근 시간을 조정했고, 늦은 시간에 근무하는 직원들의 월급을 10만 원 더 올려주었다. 그랬더니 늦은 시간 가게를 찾는 손님들이 이전보다 늘어서 자연스럽게 월 매출이 4000만 원 가까이 증가하게 되었다. 전체 매출이 상승한 것에 비해 인건비 지출은 크지 않기 때문에, 순수익이 높아지는 구조로 변신하게 되었다.

손해를 볼지언정
절대로 손님을
속이지 않는다 /

"남들보다 손해 보고 살아라. 재료 같은 거 절대 속이지 말고, 손님에게 바가지 씌우지 말거라."

이는 신 대표의 어머니가 그에게 늘 강조하던 원칙이다. 그의 어머니는 10여 년간 학교 앞에서 작은 슈퍼를 운영했다. 거기에서 호떡, 만두, 찐빵 등을 팔았고, 운동회날이면 행사용 육개장을 만들어 파는 등 여러 일을 통해 장사에 대한 경험을 쌓은 분이었다.

"방과 후에도 틈틈이 어머니 일을 도왔던 경험이 가게를 운영할 때 참 많이 도움이 되었습니다. 그때부터 귀에 못이 박히게 들어온 '손님에게 바가지 씌우지 말라'는 어머니의 가르침은 제가 장사를 하는 한 반드시 지킬 것입니다."

막힘없이 단호하게 자신의 원칙을 설명하는 그의 모습은 고집스럽게 한길만 걷는 장인처럼 느껴지기까지 했다. 손해를 볼지언정 절대 손님을 속이지 않겠다는 그의 굳은 신념은 정말로 믿음직스러웠다.

"전국 1등 매출은
오직 직원들의
공입니다."

'원할머니보쌈' '미스터보쌈' '노랑통닭' 등 다섯 개의 프랜차이즈 매장을 운영 중인 김용수 대표. 놀랍게도 그가 운영하는 매장들은 하나같이 전국 매출 1~2위를 다툴 정도로 장사가 잘된다. 게다가 모두 광명 지역에서 이뤄낸 결과다. 어떻게 이렇게 모든 가게를 완벽하게 관리할 수 있었을까? 그는 자신이 가진 다섯 개의 기둥, 즉 점장들 덕분에 이뤄낸 성과라고 딱 잘라 말했다.

배달 아르바이트생이
매출 1등 가게의 사장이 되기까지 ╱

"저는 중학교 때부터 짜장면 배달, 술집, 설거지, 일식집 등 안 해본 일이 없었습니다. 어릴 땐 철이 없었는데, 내 돈 내가 벌어 쓰자는 마음에 일을 시작했죠. 그러다 군 제대 후 우울증이 왔습니다. 사실 계기가 있었는데요. 어떤 아저씨가 학생들을 때리는 장면을 보고 싸움에 휘말리게 되었습니다. 말리다가 일이 커지고 말았죠. 그때 아버지가 "키울 만큼 다 키웠으니 그냥 감방 가거라. 합의금 안 주겠다"라고 말씀하셔서 심적으로 크게 충격을 받았습니다. 다행히 어머니가 합의를 해주셨지만 그 이후로는 밥도 먹지 않고 집밖에도 나가지 않았습니다. 그런 제가 딱했는지, 어머니가 벼룩시장을 가져오셔서 제가 취업할 만한 곳에 빨간 줄을 쳐주셨습니다. 그게 방에 한가득 쌓여 있었죠. 그러던 어느 날 텔레비전에 애국가가 나오는 장면을 보는데, 다리가 불편한 사람이 성화봉송을 하고 있는 거였어요. 왈칵 눈물이 났습니다. 사지 멀쩡한 내가 왜 이러고 있는가 싶었죠. 그러고는 어머니가 주신 리스트 중 '원할머니'를 발견했고 곧장 지원해 취업했습니다."

처음에 그는 직영점에 들어가 일을 배우다가 성실함을 인정받고 원할머니 본사로 자리를 옮기게 되었다. 그 뒤 1년 동안은 쥐 죽은 듯 조용히 지낼 수밖에 없었다. 모르는 것투성이니 눈치를 보며 배우기에 바빴다. 당시 교육팀 대리가 "용수 씨는 조리사로 들어오신 것 같은데 어느 학교 나왔어요?"라고 그에게 물었을 땐 창피하고 초라한 기분까지 느껴야 했다. 집이 있던 개봉역에서 성수역까지 23개 정거장을 지나가는데 지하철 문이 열릴 때마다 자격지심에 내리고 싶다는 생각까지 할 정도였다. 하지만 그때마다 "형, 꼭 힘내세요!"라고 응원해주던 직영점 직원들과 어머니의 얼굴이 떠올라 끝까지 버텨냈다. 그러던 어느 날 새벽 출근길에 우연히 청소하시는 미화원을 보고는 이런 생각을 했다고 한다. '나는 저 사람보다 젊고 더 편안한 일을 하고 있는데, 내 가슴속에 어둠이 꽉 차 있구나!'

"자격지심을 벗어던지니 인생이 변화했습니다. 모르는 것을 물어보기를 두려워하지 않고, 혼나는 걸 피하지 않으니 마음이 백지장이 되었습니다. 혼나더라도 '오늘도 하나 배웠다!'라고 생각했습니다. 사람들이 다르게 보이기 시작하더군요. 사람들의 태도가 변하지 않았는데 내 생각이 바뀌니까, 도리어 사람들이 날 아끼고 있다는 게 보이더라고요. '나에게 이렇게 따뜻한 눈빛을 보냈는데, 내가 못 받아들였구나. 모든 문제는 나에게 있었구나.' 이런 생각을 한 이후로 굉장히 빨리 성장했습니다. 처음 원할머니에 들어가서는 사무실 직원들이 쓰는 엑셀 같은 프로그램이 너무 어려워서 기가 죽어 있다가, 매장에 교육만 나가면 호랑이처럼 날아다녔습니다. 그때 이런 생각이 들었죠. '내가 교육시킨 매장이지만, 내가 저 점주님보다 훨씬 더 장사를 잘하겠다.' 장사 이야기만 나오면 눈에서 레이저가 나왔고, 당시 원할머니 점포 개발을 담당하던 대리님과 동업으로 원할머니를 창업하게 되었습니다. 창업을 하려면 2억 원 정도가 필요했는데, 3000만 원밖에 가진 돈이 없어서 창업 지원 대출을 받았죠."

다섯 개의 기둥,
억대 점장을 배출하다 /

인터뷰를 하던 중 놀라운 사실 하나를 알게 되었다. 그가 가진 매장 다섯 군데의 점주 다섯 명 중 세 명이 1억 원 이상의 연봉을 받고 있다는 것이었다. 척박한 외식업 환경에서 정말로 꿈같은 이야기가 아닌가. "어떻게 하면 억대 연봉 점장이 될 수 있어요?"라는 내 질문에 김 대표는 이렇게 대답했다.

"진정한 점장이란 스스로 판단할 수 있어야 합니다. 리더십도 발휘해야 하고, 매출을 내야 하죠. 최소한 전단지를 돌려봐야 하고, 해당 지역의 구석구석을 파악해야 합니다. 그리고 자신을 도울 오른팔이 있어야 합니다. 정리하자면 리더십은 기본이요, 의사결정 능력과 상황판단 능력이 있어야 하고, 고매출을 만들 수 있어야 합니다."

그렇다면 그의 가게에서 점장이 되려면 얼마의 기간이 필요할까? 김 대표는 프랜차이즈 시스템 못지않은 전략적이고 현명한 방법으로 직원들을 관리하고 있었다.

"저희 매장의 직급체계는 이렇습니다. '직원-실장-매니저-점장' 순인데, 점장이 되려면 적어도 2년 이상의 시간이 걸립니다. 직원이 처

음 입사하면 멘토와 2인 1조를 이루어 OJT를 실시합니다. 첫 근무는 홀에서 시작하죠. 그런데 만약 관리자급으로 육성할 친구라고 보이면 주방에서 먼저 근무를 시킵니다. 어떻게 사람을 구분하느냐고요? 눈이 반짝반짝 빛나고, 우리와 비전을 공유할 수 있는 친구란 생각이 들면 주방부터 경험하게 합니다. 직원에서 실장이 되면 홀에서 주방으로 이동하고, 매니저가 되면 다시 홀로 나와 손님을 관리합니다. 그리고 점장이 되면 환경을 분석하고 매출 향상 전략을 모색합니다. 든든한 주방 실장과 홀 매니저가 있기 때문에 가능한 일이죠. 점장은 발로 뛰는 사람이 아닙니다. 머리로 생각하는 사람입니다. 직원 관리, 고객 관리, 매출 관리 영역에서 매장 전체를 지휘하는 역할을 해야 합니다. 교육은 현장에서 자신의 식무를 수행하면서 자연스럽게 이루어질 수 있습니다."

"처음에는 이런 고민이 있었습니다. '내가 성격도 급하고 목표 또한 높은데 어떻게 하면 직원들과 비전을 공유할 수 있을까?' 초기에는 시행착오를 겪었지만, 나름의 결론을 얻었습니다. '그래, 내 머릿속에 있는 생각을 직원들에게 1부터 10까지 다 이야기해주고 함께 목표를 달성했을 때 성과를 분배하자! 이런 것들이 왜 우리의 행복으로 이어지는지 구체적으로 이야기해주자!' 그래서 신규 매장을 낼 때는 이렇게 이야기합니다. 지금도 충분히 바쁘고 힘든데 우리가 왜 더 바쁘게 살아야 하고, 왜 더 높은 목표를 갖고, 왜 더 많은 돈을 벌어야 하는지 말입니다. 직원들에 대한 사장의 진정성을 전달하고 함께 성과를 이뤘을 때 직원들과 분배하는 과정, 그때 변화되는 우리의 모습을 구체적으로 시각화하여 전달합니다."

그래서일까? 그와 함께하는 점장들은 근속년수가 많게는 11년에서 적게는 4년까지, 평균 8년이나 된다.

투명한 관리가 신뢰의 첫걸음이다 /

직원 관리뿐만이 아니다. 김 대표의 매장들은 운영 관리 시스템도 매우 잘 설계되어 있다. 투명성과 공정성을 기반으로 모든 것이 전부 숫자로 관리되고 보여진다. 대기업 이상의 디테일함에 깜짝 놀랐다. 예를 들어 직원이 음식을 잘못 조리하여 버리게 되었을 때는 무조건 POS에 입력한 뒤 해당 매장에서 비용으로 처리하게 한다. 직원이 판매 메뉴를 취식하는 경우에도 마찬가지다. 그래야만 투명하게 관리되고 공정하게 이익을 분배할 수 있기 때문이다. 게다가 정확한 손익 관리를 위해 매월 말일 인벤토리를 실시하고, '전월재고-금월입고-금월재고'를 꼼꼼히 파악한다. 어려운 환경에서도 이런 시스템을 구현한 것에 대해 놀라움을 금할 수 없었다.

직원들을 위한 인센티브 제도가 있냐는 나의 질문에, 점장 권한으로 매월 쓸 수 있는 회식비가 30만 원이고 그 달의 영업실적이 좋으면 인센티브를 50~100만 원 정도 점장의 통장으로 넣어준다고 말했다. 점장이 직원 관리를 효과적으로 할 수 있도록 힘을 실어주는 셈이다. 퇴직금에 대한 대비도 잊지 않는다. 각 매장에서는 매월 일정 금액을 따로 떼어 직원의 퇴직금을 적립한다고 한다.

지속 가능한 외식업을 실현해내기 위해서는 인재를 선발하고, 교육을 통해 성장시키고, 오랜 기간 근무할 수 있는 환경을 만들어줘야 한다. 그리고 김 대표의 매장에서 나는 롱런하는 가게의 최적화된 모델을 발견할 수 있었다.

"내가
즐거운 가게를
만드는 것,
그것이
우선입니다." /

"다노신은 '철학이 흐르는 가게'입니다. 우리가 매일 하는 일은 다른 가게와 별다를 바 없을 수도 있지만, 어떤 생각을 가지고 일하는가는 완전히 다릅니다. 저희 가게는 이자카야 콘셉트를 바탕으로 장사를 하는 선술집입니다. 제철음식과 유명 지역의 술을 마시고, 도란도란 이야기 나눌 좋은 사람들과 한잔 기울이는 집, 저희가 추구하는 모토는 이런 가게입니다. 그래서 다양한 메뉴로 변화를 시도하고, 매번 산지에서 재료를 올리면서 음식을 만듭니다."

다노신을 운영하는 신용호 대표는 이렇게 말했다. 그는 대학로에 다노신 1호점과 2호점을 운영하고 있다. 1호점은 2010년에, 2호점은 2011년에 오픈했으니 어느덧 햇수로 7년째 장사를 하고 있다. 신 대표는 채소와 생선을 팔다기 건축업을 거쳐 술장사를 하게 되었다고 말했다.

다노신 매장에서 직접 요리하고 있는 신용호 대표 ⓒ사진작가 정석헌

　"2009년에 삼선교에서 작은 선술집을 시작했습니다. '신씨네 마차'라는 가게였는데, 경기도 양주에서 호프집을 하다가 서울에 입성한 거죠. 그것도 쫄딱 망해서요. 프랜차이즈 가게였는데 '아, 이건 아니구나!'라고 생각하면서 혼자 페인트칠하고 망치로 두들기며 작은 가게를 만들었습니다. 생각보다 손님은 많았지만 개인적으로는 적자였습니다. 실험적인 음식도 많았고, 동네 장사다 보니 양도 많았거든요. 이후 대학로로 자리를 옮겼는데, 그때 오시던 손님들이 저를 잊지 않고 다노신을 찾아주시고 자리를 채워주셔서 지금 이 자리까지 올 수 있었습니다."

자나 깨나
'진짜 장사의 의미'를
생각하다 /

　　"일을 하면서 늘 '장사라는 게 뭘까?'라는 고민을 합니다. 돈을 벌려고 하는 걸까요? 일을 하는 게 재미있어서? 아니면 잘하는 일을 찾아서 하다 보니 장사를 하게 된 걸까요? 아마 장사를 그만두는 순간까지 계속 고민하고 있을 것 같습니다. 저희 다노신은 함께 일하는 직원들과 음식을 만들고, 웃고 청소하고 밥 먹고, 손님이 다 돌아간 빈 가게에서 술도 마시며 꾸려가고 있습니다. '좋은 재료로 좋은 마음을 담아 만든 음식과 술을 우리 가게를 찾는 손님들에게 대접하고, 울고 웃으며 그렇게 하루하루를 잘 살아내는 일', 이것이 제가 생각할 땐 장사의 진짜 의미인 것 같습니다. 지금까지 저에게 장사는 더할 나위 없이 즐거운 일입니다. 저희는 음식을 내고 손님의 입에 음식이 처음 들어가는 순간을 관찰하는데요. 이때 '음' 하고 고개를 끄덕이는 손님을 보면 참 힘이 납니다."

　　때때로 손님이 자신과 조리사의 체면을 생각해 맛이 없어도 맛있다며 마음에 없는 이야기를 할 때도 있다고 한다. 하지만 손님이 제일 처음 음식을 한입 베어 먹는 그 순간을 잘 관찰하면 진심을 알 수 있다고 한다. '그래, 우리 음식에 만족하셨구나!' '아, 표정이 별로 좋지 않네?'

다노신의 직원들은 그 순간을 살피며 자신들을 격려하고 문제점을 찾아내고 있다.

또 다노신의 직원들은 손님과의 인연을 무척 소중히 여긴다. 그들과의 인연이 이어져 이곳의 빈자리를 채웠기 때문이다. 그런데 음식이란 '접시에 손님에 대한 마음을 담아내는 것'이라고 말하던 그가 갑자기 내게 다소 놀라운 말을 꺼냈다.

"손님은 왕이 아닙니다. 다노신의 왕은 바로 접니다. 손님과 우리 직원들은 상하관계가 아니에요. 동등한 관계입니다. 다노신은 손님에게 돈을 받는 대가로 가치 있는 음식과 합당한 서비스를 제공합니다. 서로가 동등한 입장에서 주고받는 관계가 될 때 좋은 인연으로 이어지는 법입니다."

신 대표는 다노신의 단골손님이 되려면 자신과 궁합이 잘 맞아야 한다고 강조한다.

"손님다운 손님은 스스로 대우받습니다. 모르는 가게에 가면 그 가게를 믿고 주인이 이끄는 대로 따라가야만 단골손님이 되든가, 다시는 안 가든가 할 텐데 대부분의 손님들은 그런 믿음이 없죠. 저는 손님을 이기려고 하지 않습니다. 다만 가게의 색깔대로 손님을 안내할 뿐입니다. 손님이 진정으로 원하는 건 자신을 알아주고 대우받고 싶은 마음인데, 그러려면 실제로 서비스를 제공하는 사람이 신이 나야 가능합니다. 예를 들어볼까요? 저희 음식을 만드는 친구가 얼굴에 전혀 웃음기가 없어요. 그런데 자기가 좋아하는 손님이 팔이 부러져서 오시니 뛰어나가서 포크를 사 오고, 와사비를 하나하나 생선에 발라드리더라고요. 왜냐고요? 그 손님이 늘 자신의 음식을 맛있게 먹어주셨거든요.”

　서비스란 철저히 사람과 사람 사이의 비즈니스다. 이때 서로를 아끼고 배려하는 마음이 통한다면 이처럼 놀라운 일이 벌어지기도 하는데, 때로는 그 주체가 직원이 아닌 손님이 되기도 한다.

새로움을 위해서라면
무엇이든 도전한다 /

　　　　　다노신에는 특별한 서비스가 있다. 손님이 이틀 전에만 예약하면 드시고 싶은 메뉴를 만들어드리는 서비스인데, 다노신의 요리는 손님에게 특별한 역할을 한다. 제주도가 고향인 손님에게는 제철 식재료 요리로 향수를 달래준다. 엄마가 그리운 손님에게는 엄마에 대한 즐거운 추억과 손맛을 느끼게 해준다.
　신 대표는 그 누구보다도 식재료의 특징을 잘 알고 있다. 26살에 채소 장사와 생선 장사를 두루 경험했고, 산지를 다니며 다양한 식재료를 많이 다뤄본 덕에 자신이 원하는 음식의 맛을 자유자재로 구현할 수 있다. 그래서인지 다노신에는 육해공을 넘나드는 다양한 메뉴가 존재한다. 조리 방식도 쉽지 않다. '미소절임 닭구이'를 예로 들면, '숙성-저온-향'을 입히는 3단계를 거쳐야 한다. 대부분 오랜 시간 공을 들여 조리하기 때문에 몇 배의 수고가 필요하다. 매출과 경영적인 측면에서 보면 결코 현명한 방법은 아니다. 하지만 이것이 신 대표의 기쁨이자 다노신이 존재하는 이유이기에, 계속 이러한 방침에 집중하고 있다.

다노신에는 음식뿐만 아니라 다양하고 특별한 사케도 많이 있다.

"값싸면 좋고 양 많으면 더 좋던 시절을 지나는 나이가 되니, 조금이라도 맛있는 음식, 정성이 들어간 음식을 찾게 되고, 그러다 보니 술도 음식과 잘 어울리는 좋은 술을 마시고 싶어졌습니다. 그것이 다노신 사케의 출발이죠. 좋은 쌀과 물, 그리고 효모만으로 만든 다노신 사케는 2011년 가을부터 일본의 양조장인 '쿠라'와 샘플을 7개월 동안 주고받으며 마음에 드는 술을 만들기 시작해, 지금은 '다노신 준마이'와 '혼죠죠' 두 종류의 청주를 다노신의 이름으로 판매합니다. 일본 식약청에서 허가를 받고 우리나라에서 통관을 했죠. 사케를 직접 만들어 통관시킨 건 호텔을 제외하고는 제가 최초입니다."

　5년 전, 신 대표는 무작정 일본의 양조장을 찾아가 자신만의 술을 만들고 싶다고 말했다. 하지만 단 두 개의 작은 매장뿐인 한국의 사장에게 호의적인 반응을 보일 리 없었다. 생산 물량이 많지 않을 테니 당연히 그랬을 것이다. 그러나 신 대표는 뜻을 굽히지 않았다. 양조장에 2000만 원을 선불로 내면서까지 강력한 의지를 표명했고, 한국과 일본을 오가며 약 7개월 만에 다노신 사케를 만들어냈다.

다노신의 정신으로
숲을 만드는 그날까지 /

　　"'다노신의 숲'이란 여기서 배워 나가거나 일하고 있는 친구들끼리 가게를 내고 서로 인력도 공유하고 기술도 연구해서 우리끼리 커다란 숲이 되어보자는 의미입니다. 하나의 나무로 잘 성장해서 모인다면 숲이 될 테니, 우리도 그러자는 것인데 생각보다 쉽지는 않습니다."

　그가 운영하는 블로그에는 매년 직원들과 함께 일본에 벤치마킹 여행을 다녀오고, 많은 것을 함께 고민하며 쌓아온 흔적이 엿보인다. 또한 서로 다른 이유로 직원들이 떠나가는 모습에 마음 아파한 흔적들도 담겨 있다.

　신 대표는 직원들과 함께 꿈꾸며, 다노신의 숲을 만들려는 노력을 게을리 하지 않을 것이라고 단언했다. 현재 세 번째 프로젝트를 계획하고 있는데, 다노신 1, 2호점을 통합하고 손님과 교감할 수 있는 작은 가게를 준비하고 있다. 진짜 우리를 좋아해주는 손님들이 찾아오는 가게, 메뉴판이 없는 가게, 손님이 예약하는 메뉴를 만들어주며 교감하는 공간을 만들고 싶다고 말했다. 그래서 그는 오늘도 직원들과 함께 숲을 꿈꾸며 손님들에게 진심을 다하고 있다.

장사란
좋은 재료와 좋은 마음을 담아 만든
음식과 술을
우리 가게를 찾는 손님들에게
대접하는 일

"역지사지하면 손님의 마음이 보입니다." /

천안시 성성동 공단 앞에는 사람들로 인산인해를 이루는 유명한 식당이 있다. '이런 곳에도 음식점이 있나?'라는 생각이 들 정도로 인적이 드문 위치에 자리한 이 가게는 서용원 대표가 운영하는 '홍굴이해물짬뽕'이다.

"저보고 다들
미쳤다고 했습니다." /

"제가 이곳에 가게를 열겠다고 말하자 주변 사람들이 다들 저보고 미쳤다고 하더군요. 하지만 저는 자신 있었어요. 맛은 물론이고 마케팅까지도 자신 있었습니다. 개업하기 보름 전부터 플랜카드를 걸어 가게의 정체성을 알렸고요. 사흘 전에는 무료 시식회를

홍굴이해물짬뽕 서용원 대표

열었습니다. 연습 삼아 한번 해보자는 마음으로 도전했는데, 이날 준
비한 재료가 다 떨어질 정도로 손님이 몰려들었습니다. 한마디로 흥행
에 성공한 셈이죠. 완벽하게 준비해도 뜻대로 되지 않을 때가 많은데,
이날은 말로 설명하긴 어렵지만 그냥 모든 게 딱 맞아떨어지는 것 같
은 날이었습니다."

　서 대표는 이 모든 일이 자신에게 저절로 굴러 들어온 행운인 것처
럼 말하지만, 사실 그는 음식점 사업을 하기 전 어느 기업의 외식사업
부문 팀장으로 근무한 경력이 있었다. 천안의 한 백화점에는 일식, 양
식, 한식을 비롯해 카페와 베이커리 등 다양한 음식 매장이 밀집해있

다. 그는 이곳에서 사람들이 좋아할 만한 외식 콘텐츠를 개발하고 관리하는 일을 담당했다. 적합한 프랜차이즈 브랜드를 섭외하고, 필요하다면 새로운 브랜드를 론칭하는 일까지 도맡았다. 한마디로 그가 하던 일은 '외식 상권을 만드는 일'이었다.

큰 기업에서 탄탄대로를 달리며 인정받던 그는 어쩌다 전쟁과도 같은 음식점 창업의 길로 뛰어들게 된 걸까?

"회사 연봉도 높았고 처우도 좋았습니다. 푸드 코트를 단장하고 열 개점을 개설했을 당시, 회사에서는 제게 철판전문점을 내줄 정도였으니까요. 그런데 과장에서 팀장으로 승진을 하면서 더 많은 일을 맡게 되자, 스스로 중압감을 이기지 못하고 불면증에 시달리는 날들이 많아졌습니다."

회사에서 받는 스트레스가 극에 달하자 '이러다가는 건강까지 잃게 되겠다'는 생각이 들었고, 그때 비로소 퇴직을 결심했다고 한다. 이제 와서 무슨 일을 해야 할까 고민하던 그는 그동안 계속해왔던 경력을 살려 외식업에 도전해봐야겠다는 결심을 세웠다.

"많은 분들이 제가 이 브랜드의 내표냐고 물어보시는데요. 사실 저는 일곱 번째 점주입니다. 처음 퇴사를 했을 때에는 철판전문점을 회사에 반납하고 새롭게 철판전문점을 열었습니다. 역시나 장사는 잘되었고요. 하지만 건물주와 갈등을 빚으면서 어쩔 수 없이 양도를 했고, 고깃집을 운영하던 도중에 이 브랜드를 알게 되었습니다. 여느 짬뽕과 비교를 해봐도 국물맛이 월등했습니다. '그래, 이거면 승산이 있겠다'라는 생각이 들어 1년간 시장조사를 한 후 개업했습니다."

퍼주는 장사가 결국 남는 장사다 /

영업을 시작한 지 올해로 10년째에 접어든 이 가게는 이제 천안을 대표하는 짬뽕집으로 자리매김했다. 특히 아낌없이 퍼주는 식당으로 유명해져 수많은 단골손님을 보유하고 있다. 전문가인 내 눈에도 대체 이렇게 장사를 해서 뭐 남는 게 있을까 하는 생각이 들 정도였다.

"면 요리 전문점의 경우, 식재료값 비율이 평균 30퍼센트 미만입니다. 하지만 그렇게 해서는 결코 손님들을 만족시킬 수 없다는 생각에, 다른 가게들보다 식재료비를 10퍼센트 이상 더 들이고 있습니다."

마산과 여수의 양식장에서 매일 아침 공수되는 신선한 홍합과, 통영

산 굴을 듬뿍 넣은 이 가게의 짬뽕은 보기만 해도 군침이 돈다. 음식이 테이블에 놓인 순간 '와' 하는 탄성이 절로 나온다. 주문한 음식 외에도 안성 쌀로 갓 지어낸 밥을 무료로 제공한다. 곱빼기를 주문해도 가격은 동일하다. 뿐만 아니라 이 가게는 지난 8년간 음식 가격을 단 한 번도 올린 적이 없다.

또 이곳에는 독특한 서비스가 있다. 3대 가족이 가게를 방문하면 군만두나 고르곤졸라 피자를 무료로 제공하는 서비스다. 그래서인지 이곳을 방문한 손님 중에는 유독 가족 손님이 많다. 2인분을 주문한 고객에게도 피자를 무료로 제공한다. 식사 후에는 디저트로 향긋한 헤이

즐넛 커피와 보리강정이 준비되어 있다.

프랜차이즈 매장인데 본사의 제재는 없었는지를 물었다. 그러자 그는 단호한 목소리로 대답했다.

"저희 매장이 이렇게 다양한 서비스와 이벤트를 실시하지만, 다른 매장과 음식값은 똑같습니다. 값을 올리지 않고 손님들에게 서비스하는 비용은 온전히 매출 안에서 감당하고 있죠. 그러다 보니 주변에 저의 영업 노하우를 알려줘도 쉽게 시도하지 못하는 경우가 대부분입니다. 저는 수익의 10퍼센트는 가게를 찾아준 손님들에게 돌려드린다는 마음으로 서비스하고 있습니다."

그에게서 이익을 남기기보다는 더 많은 손님에게 음식을 나누고 싶은 마음이 느껴졌다. 외식업은 좌석을 파는 사업이라는 말을 다시 한번 되새기게 되는 순간이었다.

수익의 10퍼센트는
가게를 찾아준 손님들에게
돌려드린다는 마음

단행본

레이크록, 이현영 옮김, 『맥도날드 이야기』, 문진출판사, 2003.

밥 미글라니, 박지숙 옮김, 『행복을 파는 아이스크림 가게』, 웅진지식하우스, 2006.

케네스 토마스, 장재윤, 구자숙 옮김, 『열정과 몰입의 방법』, 지식공작소, 2002.

브라이언 트레이시, 이미숙 옮김, 『사업 성공의 길 1 : 성공전략 편』, 씨앗을뿌리는사람, 2007.

대니 메이어, 노혜숙 옮김, 『세팅 더 테이블』, 해냄, 2007.

타카다 야스히사, 김미선 옮김, 『한 번 고객 백번 오게 하라』, 아르고나인미디어그룹, 2015.

KMAC 펴냄, 『What Customer Wants 왓 커스터머 원츠 기업편』, kmac, 2008.

마이클 게이츠 길, 이수정 옮김, 『땡큐! 스타벅스』, 세종서적, 2009.

J. 칼슨, 김영한 옮김, 『고객만족 12성공전략』, 성림, 2005.

치카라이시 히로오, 오세웅 옮김, 『서비스의 원점』, 새로운제안, 2010.

폴 퍼셀라, 장세현 옮김, 『맥도날드 사람들』, 황소북스, 2010.

Ryogo Kubo, 모주희 옮김, 『작은가게, 서비스에 반하다』, 이비락, 2010.

아이자와 켄지, 박승현 옮김, 『서비스의 저력』, 위드유북스, 2011.

쿠니모토 류이치, 이철우, 백인수 옮김, 『마케팅은 짧고 서비스는 길다』, 2007.

서비스디자인코리아, 『서비스 디자인』, 청어, 2011.

『니케이레스토랑』 편집부, 박진희 옮김, 『음식점 이렇게 하면 성공한다』, 토트출판사, 2012.

우노 다카시, 김문정 옮김, 『장사의 신』, 쌤앤파커스, 2012.

우노 다카시, 김영주 옮김, 『장사의 신 실천편』, 쌤앤파커스, 2014.

하야시 야츠무, 박종민 옮김, 『회계학 콘서트 1 : 왜 팔아도 남는 게 없을까?』, 한국경제신문사, 2012.

쇼가키 야스히코, 김대환 옮김, 『맛있어서 잘 팔리는 것이 아니다 잘 팔리는 것이 맛있는 요리다』, 잇북, 2012.

VOC 경영연구회, 『VOC 3.0+』, 한국능률협회미디어, 2013.

하야시 야츠무, 오시연 옮김, 『회계의 신 : 비용절감 VS 가격인상』, 한국경제신문사, 2013.

마쓰이 타다미쓰, 민경욱 옮김, 『무인양품은 90%가 구조다』, 모멘텀, 2014.

김영갑, 전혜진, 『외식서비스경영론』, 교문사, 2014.

마이클 헤펠, 정희준 옮김, 『5 스타 서비스』, 호이테북스, 2015.

우지케 슈타, 전경아 옮김, 『파스타는 검은 접시에 담아라』, 라이스메이커, 2016.

김태희, 윤지영, 서선희, 『외식서비스 마케팅』, 파워북, 2017.

학위논문

이상우, 전현모, 「외식기업의 메뉴분석 방법을 이용한 메뉴판매 전략 사례 연구」, 외식경영연구15(2), 2012, p219-240.

현성운, 최규완, 이지민, 「외식 프랜차이즈 가맹점 대상 교육훈련 프로그램 평가항목 개발에 관한 연구」, 한국관광레저연구28(12), 2016, p423-442.

웹사이트

모모스커피 페이스북 facebook.com/momoscoffee

다노신 페이스북 facebook.com/tanosin100

스타벅스코리아 홈페이지 www.istarbucks.co.kr

왜 유독 그 가게만 잘될까

초판 1쇄 발행 2018년 7월 2일
초판 9쇄 발행 2022년 12월 20일

지은이 현성운
펴낸이 김선식

경영총괄 김은영
콘텐츠사업본부장 임보윤
콘텐츠사업1팀장 한다혜 **콘텐츠사업1팀** 윤유정, 성기병, 문주연, 김세라
편집관리팀 조세현, 백설희 **저작권팀** 한승빈, 김재원, 이슬
마케팅본부장 권장규 **마케팅2팀** 이고은, 김지우
미디어홍보본부장 정명찬 **디자인파트** 김은지, 이소영 **브랜드관리팀** 안지혜, 오수미, 송현석
크리에이티브팀 임유나, 박지수, 김화정 **뉴미디어팀** 김민정, 홍수경, 서가을
재무관리팀 하미선, 윤이경, 김재경, 안혜선, 이보람
인사총무팀 강미숙, 김혜진 **제작관리팀** 박상민, 최완규, 이지우, 김소영, 김진경, 양지환
물류관리팀 김형기, 김선진, 한유현, 민주홍, 전태환, 전태연, 양문현, 최창우

펴낸곳 다산북스 **출판등록** 2005년 12월 23일 제313-2005-00277호
주소 경기도 파주시 회동길 357 3층
전화 02-702-1724 **팩스** 02-703-2219 **이메일** dasanbooks@dasanbooks.com
홈페이지 www.dasanbooks.com **블로그** blog.naver.com/dasan_books
종이 ㈜한솔피앤에스 **출력·인쇄** ㈜갑우문화사

ISBN 979-11-306-1756-5 (03320)

다산북스(DASANBOOKS)는 독자 여러분의 책에 관한 아이디어와 원고 투고를 기쁜 마음으로 기다리고 있습니다.
책 출간을 원하는 아이디어가 있으신 분은 다산북스 홈페이지 '투고원고'란으로 간단한 개요와 취지, 연락처 등을 보내주세요.
머뭇거리지 말고 문을 두드리세요.